DIETER NUHR

NUHR
NACH
VORN

DAS BUCH ZUM PROGRAMM

Viele haben es schon unternommen, Bericht zu geben von den Geschichten, die unter uns geschehen sind ... So habe auch ich es für gut gehalten, nachdem ich alles von Anfang an sorgfältig erkundet habe, es für dich ... aufzuschreiben ...
Lukasevangelium 1, 1–4

Das sollst du aber wissen, daß in den letzten Tagen schlimme Zeiten kommen werden, denn die Menschen werden viel von sich halten, geldgierig sein, prahlerisch, hochmütig, Lästerer, ... undankbar, gottlos ... solche Menschen meide.
Zweiter Brief des Paulus an Timotheus, 3, 1–3, 5

Selig ist, der da liest und die da hören die Worte der Weissagung und behalten, was darin geschrieben ist; denn die Zeit ist nahe.
Offenbarung des Johannes, 1, 3

Was bin ich? Was soll ich tun? Was kann ich glauben und hoffen? Hierauf reduziert sich alles ...
Lichtenberg

Derjenige, der all das, was er erzählt, nur erfindet, der verdient weder den Namen eines Dichters noch die Würde eines Propheten, sondern jene eines Lügners.
Petrarca

Die Debatten sind unüberschaubar geworden. Jeder Versuch, sie zu durchdringen ... ganz hoffnungslos.

Villem Flusser

Die Realität, die reale Welt wird also nur eine gewisse Zeit lang bestanden haben, so lange wie unsere Gattung brauchte, sie durch den Filter der materiellen Abstraktion der Codes und der Berechnung zu pressen.   Jean Baudrillard

Wir müssen uns mit der Tatsache abfinden, daß wir in einer Welt leben, in der fast alles, was wirklich bedeutend ist, im wesentlichen unerklärt bleibt.   Karl Popper

*Studiere nur und raste nie,
du kommst nicht weit mit deinen Schlüssen;
das ist das Ende der Philosophie,
zu wissen, daß wir glauben müssen.*   Emanuel Geibel

Die Ergebnisse der Philosophie sind die Entdeckung irgendeines schlichten Unsinns und Beulen, die sich der Verstand beim Anrennen an die Grenze der Sprache geholt hat.

Ludwig Wittgenstein

Unschuld ist Unwissenheit.   Sören Kierkegaard

©1998 con anima Verlag Christian Franzkowiak
Düsseldorf · Telefon / Fax: 0211 – 422 06 67
www.schauplatz.de/conanima
Alle Rechte vorbehalten. Abdruck, auch auszugsweise,
nur mit ausdrücklicher Genehmigung des Autors.
Umschlagentwurf: H.J. Kropp, Artfusion Design
Umschlagfoto: Melanie Grande
Herstellung: Brigitte Brehm-Franzkowiak
Lithographie: Lasenga & Partner, Kaarst
Druck und Einband: VVA, Düsseldorf

ISBN 3-931265-18-8

Inhaltsverzeichnis

1. Teil:
Der Mensch im ökonomischen Raum

Entschuldigung 9

Poststrukturelles Schlüsselerlebnis:
der Laufschuhkauf 11

Ökonomisierung 16

Globalisierung 19

Wettbewerb im voröffentlichen Raum
am Beispiel Viagra 22

Leistung als Grundlage gerechter
Verteilung der Produktionsmittel 23

Sozialarbeit im Neoliberalismus 26

Demokratie 29

Individuelle Überforderung 31

Verhalten im Dienstleistungssektor 34

Kriminalität 37

Das Leben als Suche 38

Zur Pause 42

2. Teil:
Der Mensch im seinsphilosophischen Raum

Der Computerkauf 53

Normalität 55

Erneuter Versuch, einen Sportschuh zu kaufen 59

Früher war's einfacher 61

Klopapier 63

Körperlosigkeit: im Cyberspace 67

Wegwerfgesellschaft 70

Ewige Steigerung: Wie viele Tenöre
braucht der Mensch? 74

Wo ist der Überblick? 76

Scheidung und Würde 80

Offenbarung 83

Zur Person 88

Der Mensch im ökonomischen Raum

Entschuldigung

Hallo, guten Abend. Ja. Sie wissen vielleicht, normalerweise mache ich gerne deprimierende Programme, wo die Leute nachher rausgehen und sagen: Mensch, das war mal richtig Kabarett, ich bin total deprimiert. Aber heute, da wollte ich mal richtig gute Laune verbreiten, weil die Welt an sich ja schon so deprimierend ist. Aber ich sag's Ihnen gleich: Ich hab's nicht hingekriegt. Ich habe wahrscheinlich auch einfach nicht früh genug angefangen, weil ... na ja, ich dachte halt, so zwei mal 45 Minuten, das kriegst du schon zusammen, aber ich muß Ihnen ehrlich sagen, ich sehe das noch nicht.

Ich sag das lieber vorher, ich bin da ganz offen, mit dem Programm bin ich nicht richtig fertig geworden. Eigentlich sollte ja sogar noch ein Bühnenbild gebaut werden, hier hinten, da sollten zwei Schaufensterpuppen stehen in schwarzen Existentialistenrollis. Das Ganze sollte schon im Bühnenbild die Poesie der Dekonstruktion und die Fragmentierung der Identitäten versinnbildlichen. Aber die Dinger habe ich dann gar nicht ins Auto bekommen. Da sollte eine Holzkiste hin, und alle zehn Minuten sollte die Kiste aufgehen, und dann sollte da eine große Feder rausspringen, und oben drauf auf dieser Feder sollte Christoph Schlingensief sitzen und „Scheiße" rufen. Aber Schlingensief hat dann wohl keinen Bock gehabt ...

Hier sollte noch ein toter Steinadler liegen als Anklage gegen die Naturzerstörung. Den hatte ich sogar schon besorgt. Ich hatte das Tier extra ökologisch korrekt mit einem Knüppel aus nachhaltigem Plantagenanbau erschlagen. Aber der fing dann schon an zu stinken. Und man kann ja nicht jede Woche einen neuen erschlagen, von den Viechern gibt's ja nur noch 20 Paar in Deutschland. Also jetzt 19.[1]

Also kein Bühnenbild. Jetzt muß ich praktisch die ganze geistige Verelendung heutzutage nur durch meine eigene Anwesenheit versinnbildlichen. Gut, das sollte das geringste Problem sein. Ich hätte ja auch lieber alles fertig gehabt, aber irgendwie ... ich konnte nichts schreiben. Viele sagen ja, dann muß man mal völlig abschalten: Jogging hilft. Ein Kumpel von mir, der Jochen, den kenne ich noch aus der Schulzeit, der lebt gerade in

---

[1] Ob der Steinadler wirklich bedroht ist, ist mir nicht bekannt. Ich komme aber aus einer Generation, in der jede Tierart erst einmal präventiv für bedroht gehalten wird, auch wenn sie häßlich ist, schleimige Spuren hinterläßt und in millionenfacher Ausführung die Speisekammer erobert hat.

besonderer Tag (60. Geb.)
↳ nichts besonderes
↳ nur etwas normales →

Scheidung, und der joggt jeden Nachmittag, und das hilft ihm, außerdem hat er nichts zu tun, der ist Sportlehrer. So ein Sportlehrerleben spiegelt ja die ganze Sinnlosigkeit des Daseins: Weihnachten, Ostern, zweimal Bundesjugendspiele – und nächste Runde.

Und der läuft sich dann nachmittags den Frust raus. Der ist so frustriert. Nicht nur wegen der Scheidung. Auch an der Schule muß es so schlimm sein; er sagt, da gäbe es überhaupt kein soziales Verhalten mehr, keinen Umgangston, da wird geraucht und gesoffen – und er sagt, die Schüler sind kaum besser. Dann ist seine Frau auch noch an derselben Schule, klar, die pflanzen sich ja auch nur untereinander fort. Unser ganzes Schulsystem ist ja praktisch nur durch Inzest zu erklären.

Und deshalb läuft er jetzt immer. Und da habe ich gedacht, gehst du mal ab und zu mit ihm zusammen laufen.

Poststrukturelles Schlüsselerlebnis: der Laufschuhkauf

Ich also in die Stadt, Laufschuhe kaufen, zu Karstadt, aber natürlich wieder kein Verkäufer weit und breit. Meine Theorie ist, daß der CIA irgendwann eine Tarnkappe erfunden hat, und die wird seit einigen Jahren

↳ Ablästern über Ehefrau
↳ Schuhe / Handwäsche

11

mit Erfolg im deutschen Einzelhandel getestet.[2] Ist nur
’ne Theorie, aber ich glaub’ dran.

Jedenfalls, da in der Sportabteilung waren auch wieder nur Unsichtbare. Statt dessen stand da so ein Computer, der World-of-Adidas-Terminal, so ein Bildschirm
mit einem Touchscreen, wo man mit dem Finger drauf-
drücken muß, um Menüpunkte anzuklicken, die
Scheibe total schmierig, daß man sich fragt: Was sind
das für Leute, die da einkaufen.

Ich auch da draufgetippt, da erschien erst mal ein
Startbildschirm, wo man Themenbereiche anklicken
konnte, Firmengeschichte usw., alles was einen bren-
nend interessiert, wenn man Laufschuhe kaufen will ...
Ich auf Produkte getippt, dann auf Schuhe, weil ich
dachte, da kämen jetzt Schuhe, aber das war naiv, natürlich kamen erst mal wieder ein paar Vorauswahlfragen,
erst mal, welche Form ich gerne hätte. Ja, nu, welche
Form? Bei Turnschuhen! So länglich, fußförmig halt!
Aber die hatten nur mid-cut, low-cut oder high-cut. Ich
auf mid-cut gedrückt, kommt da wieder eine Frage:
Welche Technologie ich bevorzugen würde. Technolo-

---

[2] Wer es schafft, den Mord an J. F. Kennedy zu verschleiern, kann auch
deutsche Einzelhändler verschwinden lassen!

gie! Was für eine Technologie, ja? Einen Schuh halt. Ich will keinen Laufroboter, ich will selber laufen.

Ich einfach wieder irgendwo drauf. Und tatsächlich wirbelten dann Schuhe über den Bildschirm, aber das waren natürlich jetzt nicht einfach Schuhe, das waren Schuhe mit Torsionstechnologie, verbunden mit weiteren Fragen: Bin ich jetzt Normalläufer oder Überpronierer, brauche ich also einen innovativen Top-Running-Schuh mit sichtbarem Adiprene, Support-Torsion-System und dämpfungsintensiver EVA-Zwischensohle? Oder nehme ich doch lieber einen leichten Speedtrainingsschuh mit Adipreneeinsätzen im Vorderschuh und Überpronationskontrolle, Cabletechnik zur Mittelfußstabilisierung, externem Fersenstabilisator, abriebfester Carbongummilaufsohle und Loop-Schnellschnürung?[3]

Da habe ich gedacht: Ach Gott, kann man eigentlich nicht in Gummistiefeln laufen, da habe ich noch ein Paar, aber ich habe Senkfüße, und da fangen dann die Einlagen an zu rutschen.

Ich also weitergesucht, da kam u. a. der Sojourn-Walking-Schuh. Das fand ich interessant. Ein Schuh, mit

---

[3] Warum dürfen Turnschuhe auch nach dem Fall des Eisernen Vorhangs immer noch EQT Agent 99 heißen?

dem man offenbar walken kann. Also gehen. Ich hab'
immer gedacht, das wäre Voraussetzung. Sollte man
nicht mit einem Schuh grundsätzlich gehen können?
Zumindest bei Herrenschuhen, bei Frauenschuhen is'
das vielleicht was anderes. Meine Freundin hat Schuhe,
in denen sie ausschließlich sitzen kann. Für meine
Freundin gibt es überhaupt keine Tätigkeit, für die es
nicht auch Schuhe gäbe. Wir leben praktisch in einem
Schuhschrank mit Wohngelegenheit. Aber sie findet nie
die *passenden* Schuhe. Wir haben eine ganze Wohnung voller nicht passender Schuhe. Das ist schon tra-
gisch. Und ich hab' nicht mal Laufschuhe.

Also was nehme ich jetzt: Walking-, Running-, Jog-
ging- oder Speedschuh. Und dann die Farbe: Nehme
ich New Navy, Mist oder Orange Fizz? Und wenn, wie
sieht das aus? Nehme ich vielleicht doch lieber Astro-
turf, Sun, Tang, Algue, Trophy oder Forest? Typhoon,
Tangerine oder Slime? Das gibt's wirklich, Slime, das
geht auch so ins Auswurfgrüne.

Da gehen einem plötzlich ganz komische Fragen
durch den Kopf, Fragen wie: Gibt es das Point-of-Deflec-
tion-System auch in Zahngelb oder Schleimhautrosa?
Und warum gibt es eigentlich nicht mehr den Romika
in Kackbraun?

Warum haben wir nicht mehr die gute alte DDR[4], wo alle zehn Jahre Turnschuhe kamen, und da kaufte man zehn Paar, eins zum Tragen und den Rest zum Tauschen, z. B. für ein Waschbecken. Das wäre doch schön, wenn man bei uns Waschbecken tauschen könnte, denn bei uns gibt es ja keine Waschbecken mehr. Neulich wollte ich ein Waschbecken kaufen, aber es gab nur noch den Waschtisch Madeira mit vorinstallierter Mischbatterie Iguacù und Klobürste Niagara – mit abgerundeten Borsten, damit sich die Kinder nicht den Zahnfleischsaum verletzen.

Ich verstehe diese Sprache einfach nicht richtig. Ich weiß auch gar nicht, ob das wirklich Worte sind, vielleicht ist das wie in einer Talkshow, da denkt man ja auch, es wird geredet, dabei werden nur Geräusche ausgetauscht. Es ist eigentlich unglaublich, welche Riesenmenge an Wörtern bei uns in den Kosmos geblasen wird. Das ist für mich der Grund, warum Gott nicht vollkommen sein kann, weil er diesen unglaublich dummen Fehler in die Schöpfung eingebaut hat, daß er die

---

[4] Was ist die Einmauerung der Bevölkerung gegen ihre schleichende Vergiftung durch Milchschnitten, Brühwürfel (vom Rinderknochen!) und Fruchtzwerge?

Augen schließbar gemacht hat, aber die Ohren nicht.[5] Und wenn Sie wirklich eine Information haben wollen, z. B. in einem Sportgeschäft, dann steht da ein schweigender Terminal. Aber es macht auch keinen Unterschied. Selbst wenn da jetzt ein Verkäufer wäre, dann würde der auch bloß sagen: „Ja, das ist zwar ein Step-and-Speed-Shoe, aber der hat keine Lordosenstütze im gelgedämpften Fersenluxationsstimulator. Und die Schnürsenkel sind nicht atmungsaktiv." Und was sagt man da als braver Verbraucher: „Ahso, ja dann, ähähähäh – nö, dann nicht!" Und dann nimmt man doch wieder den High-Tech-Schuh mit Online-Anschluß und Internet-Explorer.

Ökonomisierung

Manchmal wundere ich mich darüber, daß Laufschuhe noch nicht online sind. Es ist ja alles online. Machen Sie auch Online-Banking? Ich habe jetzt zum ersten mal ein Wertpapier per Computer gekauft. Das war schon faszinierend: Da läuft das Geld durch das Telefonkabel, und – weg! Ich hatte dann schon ein

---

[5] Gutes Kabarett sollte sich nicht auf Gesellschaftskritik beschränken. Auch der Schöpfer selbst muß sich der kritischen Nachfrage stellen.

komisches Gefühl, weil man ja nicht weiß, hab' ich mich jetzt vielleicht verwählt – und was ist, wenn sich das Geld im Einwahlknoten verheddert hat?[6]

Aber nach ein paar Tagen habe ich dann einen Zettel zugeschickt bekommen, da stand drauf, daß ich jetzt Teilhaber bin an einem mehrheitlich japanbasierten Aktienfond, der in Irland aufgelegt wird und mich an der Börse in Tokio zum Mitinhaber einer indonesischen Baufirma gemacht hat, die für ein europäisches Konsortium in Taiwan ein Gebäude errichtet, in dem internationale Experten mein Geld vernichten. Und deshalb lese ich jetzt morgens immer den Nikkei-Index vor den Fußballergebnissen. Dabei weiß ich gar nicht, ob der für meinen Fond steigen oder sinken muß. Das ist alles so kompliziert geworden. Früher tauschte man Frauen gegen Ziegen.[7] Das war was Handfestes. Gut, das geht heute nicht mehr. Die Wechselkurse schwankten zu stark.

---

[6] Neueste Forschungen haben ergeben, daß sich Geld nicht im Einwahlknoten verheddern kann. Es ist vielmehr so, daß die Telekom das Geld einsammelt und für ihre Betriebsfeiern verwendet.

[7] Eine zu verurteilende Praxis, deren Rückkehr ich selbstverständlich keinesfalls unterstütze. Der Verweis auf die Übersichtlichkeit dieser Vorgehensweise beinhaltet keine nostalgische Glorifizierung, so daß auf eine Rückgabe des Buches unter Hinweis auf politische Inkorrektheit verzichtet werden kann.

Soweit ich das beurteilen kann. Ich meine, ich lese den Wirtschaftsteil. Aber im Grunde verstehe ich von Wirtschaft soviel wie 90 Prozent der Bevölkerung auch: also nix. Aber eine Meinung haben alle, zu Aktien, Euro. Das ist das Furchtbare, daß heute jeder Idiot zu allem eine Meinung hat. Der Satz „Da kann ich nichts zu sagen, da fehlt mir der Überblick", der ist praktisch ausgestorben. Ich glaube, daß das falsch verstanden worden ist. Man *darf* in der Demokratie eine Meinung haben, man *muß* nicht.

Vor allem, wenn man keine Ahnung hat. Und gerade in Sachen Ökonomie ist doch der Kenntnisstand der Menschen erschreckend. Gerade auch bei meiner Generation. Wir waren ja die Ökos früher in den 70ern, Anfang der 80er Jahre, und Ökonomie war ja für uns immer das, was für den Papst der Sex war: Wir wußten, da war was, aber wer da mitmachte, der war vom Satan.

Außenhandelsbilanzen, Lombardsätze ... keine Ahnung. Was wir wußten war, daß die Volkswirtschaft ganz anders organisiert werden mußte, irgendwie ökologisch, biologisch, humanistisch, esoterisch, quadratisch, praktisch, pppffffff ... Das war das Schöne, dieses ungebrochene Sendungsbewußtsein ohne jegliche Kenntnis der Sachlage. Und das ist das Lustige, heute wissen wir: Damit kann man sogar eine Regierung bilden. Was ich darüber schon gelacht habe!

Wir dachten halt, Wirtschaft, das heißt Produktion, und produziert haben wir ja: Mobiles, Aschenbecher aus Fimo ... Und die komplizierteren Sachen, Stereoanlagen und so, die brauchte man ja nicht selber machen, die brachte ja der Weihnachtsmann. Im Grunde sieht das der Jochen z. B. heute noch so. Ist ja klar, als Lehrer hat der ja gar keinen Kontakt zur freien Marktwirtschaft. Wenn man so an der Schule ist – die einzige Erfahrung, die ein Lehrer mit freier Wirtschaft hat, ist der Drogenhandel auf dem Schulhof. Und das macht natürlich kein gutes Bild.

Globalisierung

Heute wissen wir: Weltwirtschaft ist doch irgendwie komplizierter, ein unglaublicher Komplex von Beziehungen. Alles hängt zusammen. Wenn der amerikanische Notenbankchef, also wenn Alan Greenspan in New York hustet, dann bricht in Hongkong der Hangseng-Index ein, zieht den Yen mit runter, daraufhin stürzen sich Dutzende von japanischen Geschäftsleuten in den Pazifik, die Flut steigt, Überschwemmung in China, die Reisernte fällt aus, der chinesische Mittelstürmer von Eintracht Frankfurt fliegt nach Hause zu seiner Familie, die Eintracht verliert daraufhin im DFB-Pokal, es kommt zu Ausschreitungen, Fenster gehen zu Bruch, die öffentliche Sicherheit ist gefährdet, die Aktienkurse sinken, erst in Frankfurt, dann in ganz Deutschland; Alan Greenspan hört das, verschluckt sich an seinem Lachskanapee, muß husten – und das Ganze geht von vorne los.[8]

Das ist ein Kreislauf. Die ganze Welt wächst zusammen, New York, Rio, Tokio – bloß Magdeburg[9], das ist für mich immer noch wie kurz vor Peking, aber das kommt auch noch. Das ist Globalisierung, daß selbst Magdeburg irgendwann ganz sicher vielleicht mal dazugehören könnte. Dann sieht die Welt überall gleich aus. Und das ist ja schön, da kennt man sich überall aus. Neulich wollte ich mich mit einem Freund bei einem Italiener treffen, in Koblenz, Wegbeschreibung ganz einfach: Fußgängerzone, gegenüber von Schlecker rechts, an der Parfümerie Douglas links, am Sun Point

---

[8] Der Vorgang ist fiktiv. Ob Herr Greenspan wirklich Lachskanapees zu sich nimmt, ist mir nicht bekannt. Richtig ist aber, daß Eintracht Frankfurt zur Drucklegung dieses Buches (Saison 98/99) einen chinesischen Mittelstürmer beschäftigt. Unklar bleibt, welche Auswirkungen dies auf die Globalisierung hat.

[9] Städtische Ansiedlung in den neuen Bundesländern.

vorbei, bei Vobis in die Passage und dann Citibank, Apollo Optik, Hennes & Mauritz und dann schräg gegenüber von Eduscho: Ristorante Veneziano. Ich sitze da. Der kommt und kommt nicht, bis ich gemerkt hab': Ich war ja noch in Augsburg ...

Das kann man ja alles gar nicht mehr auseinanderhalten. Bald kommen Sie nach Stuttgart, nehmen sich im Hotel so einen U-Bahn-Faltplan, dann steht da drauf: Gilt auch für Dortmund. Und das wird weltweit so laufen. Da kommen Sie von der Himalaya-Trekking-Tour zurück und gehen erst mal nepalesisch essen. Eine schöne Abwechslung, denn im Everest-Basislager waren gerade Los Wochos.

Alles gleich, Fußgängerzonen mit Kugellampen und vollgepinkelten Parkhäusern. Das ist so der gemeinsame Nenner, auf den sich die gesamte Menschheit hat einigen können: Das ist schön, das wollen wir alle haben. Vollgepinkelte Parkhäuser, da darf man sich nicht drüber wundern, ist doch klar, es gibt immer weniger öffentliche Klos und immer mehr Parkhäuser. [10]

---

[10] Das männliche Bedürfnis der Reviermarkierung ist von dieser Gesellschaft allzu lange unterdrückt worden und bricht nun, im Zeitalter der offensiven Selbstverwirklichung, wieder heraus. Das „Es" des Mannes lebt nach dem Grundsatz „Ich pisse, also bin ich!", während das „Überich" die Frage stellt: „Sieht mich keiner?" Was bleibt, sind Pfützen.

Da darf man sich doch nicht wundern. Das ist doch ein ganz einfacher Zusammenhang. So wie es ja auch immer mehr Ärzte und immer weniger Metzger gibt. Alles hängt zusammen. Das ist ja Globalisierung, zu erkennen, daß alles zusammenhängt.

Wettbewerb im voröffentlichen Raum am Beispiel Viagra

Jeder konkurriert mit jedem, und das geht bis in den privaten Bereich. Da können Sie sich nicht ausruhen. Wenn Sie da mal ein paar Wochen die Hände in den Schoß legen, also in den eigenen Schoß, zack, schon ist Ihre Frau mit einem Wettbewerber durchgebrannt. So ist der Markt.

Da darf man auf keinen Fall versagen. Gott sei Dank gibt es ja jetzt Viagra. Da hat wenigstens jeder gleiche Startbedingungen. Wer's braucht, hahaha ... Uns geht das ja nichts an, das brauchen wir nicht, hahaha ... Wer braucht Viagra? Da sind sich alle einig. Oder braucht irgend jemand von Ihnen Viagra? Na also. Deshalb reden auch alle immer mit so einem süffisanten Lächeln darüber, hahaha ... Bei unseren Nachbarn zur Linken, da stand mal so ein Döschen rum, aber er meinte, das wäre für die Rosen im Garten, die würden die Köpfe so hängen lassen ... Aber sonst? Wer braucht Viagra? Bei Viagra, da haben alle immer so ein süffisantes Lächeln auf den Lippen, vor allem die Frauen, wenn die über Viagra sprechen, dann lächeln die immer so, hühühü, die Männer, hühühü, so sind sie, Schluffis. Das müßte sich mal ein Mann erlauben, öffentlich mit einem süffisanten Lächeln über weibliche Orgasmusprobleme zu reden, den würden sie am Ortseingangsschild aufhängen – und noch Viagra drunterstreuen, damit es nicht abbricht.[11]

Ich gebe es jetzt mal offen zu: Ich habe immer eine Packung Viagra im Auto, aber noch unter der alten Produktbezeichnung Fisherman's Friend. Sind sie zu stark, bist du zu schwach.

Leistung als Grundlage gerechter Verteilung der Produktionsmittel

Da müssen wir durch, es ist überall Wettbewerb, Konkurrenz, das ist die Logik des Kapitals, da hätten wir

---

[11] Wenn es etwas gibt, das Männer und Frauen verbindet, dann ist es sexuelles Versagen. Während Männer den Sex „arbeiten" (Berti Vogts), bekennen Frauen öffentlich: „Suche impotenten Mann fürs Leben" (Doris Schröder-Köpf?). In einer allzeit spaßbereiten Gesellschaft hält es der Mensch inzwischen nicht mehr für möglich, sich ohne Stromanschluß oder Münzeinwurf zu vergnügen.

uns viel früher mit beschäftigen müssen, schon damals in dieser alternativen Zeit, diese ganze Leistungsideologie, die haben wir ja gar nicht verstanden. Für uns war Leistung immer das, was wir von anderen erwartet haben. Also unter Leistung verstanden wir in erster Linie: staatliche Leistungen. Wenn mich jemand zur Leistung aufgefordert hätte, da hätte ich gesagt: O.K. Wo kann ich die beantragen?[12]

Leistung wäre uns sogar eher peinlich gewesen. In der Schule, wenn da einer gut war, bah, der war doch ein Streber. Und die, die damals am allerschlechtesten waren in der Schule, das ist das Lustige, *die* sind heute selber wieder Lehrer. Was sollte man mit so einem Schulabschluß auch anderes machen? Auf Arbeit hatten wir keinen Bock, die Ferien konnten gar nicht lang genug sein, wir waren die geborenen Lehramtskandidaten. Deshalb ist dem deutschen Lehrer ja auch jeglicher Leistungsgedanke erst einmal fremd. Deshalb kriegt ja heute auch jeder das Abitur hinterhergeschmissen, selbst wenn er kaum lesen und schreiben kann, selbst der letzte Vollidiot.

---

[12] Die Leistung, ein staatliches Formular korrekt auszufüllen, wird gesellschaftlich unterbewertet!

Oh, Gott, das klang jetzt sehr konservativ, oder? Aber ist das konservativ, sich über die zunehmende Verblödung zu ärgern? Ich weiß es nicht. Allerdings, ich weiß, ich habe das vom soziopolitischen Standpunkt aus gesehen nicht politisch korrekt ausgedrückt. Ich weiß, man sagt heute auch nicht mehr Vollidiot, man sagt kognitiv suboptimiert.

Aber warum darf man heute nicht mehr sagen, daß es Vollidioten gibt? Im Grunde sind wir doch alle einer Meinung, oder? Da draußen gibt es jede Menge Vollidioten. Hier drin natürlich nicht,[13] das ist klar, aber selbst hier, drehen Sie sich doch mal ganz unauffällig zur Seite. Sehen Sie? Vollidioten gibt es überall. Wenn der Hirntod wirklich ein Indiz für das Lebensende wäre – dann müßte man bei uns ganze Bevölkerungsgruppen begraben.

Und diese Menschen haben natürlich von Volkswirtschaft überhaupt keine Ahnung. Ich habe Geschichte studiert, ich habe das komplette Studium durchgezogen ohne auch nur einen Funken Ahnung von Volkswirtschaft. Wirtschaft war für uns einfach Verteilung

---

[13] Es gilt das gesprochene Wort: Der Leser muß sich an dieser Stelle vorgaukeln, er sei in einem Saal mit ganz vielen Menschen – und einigen Vollidioten.

von Waren. Und Geschichte ist, wenn Waren falsch verteilt sind. Waren sind nämlich immer falsch verteilt. Weil die Welt schlecht ist. Und deshalb hatten wir immer schlechte Laune und waren beleidigt.

Ich habe Geld auch immer als etwas Dreckiges empfunden. Ich hab' mir das deshalb auch von meinen Eltern überweisen lassen.

Sozialarbeit im Neoliberalismus

Das fanden wir abscheulich, wenn sich Menschen nur für materielle Dinge interessierten. Z.B. der Afrikaner: Wir wollten dem Afrikaner den Umweltschutz beibringen, und was wollte der Afrikaner? Geld für was zu essen. Das fanden wir oberflächlich. Konnte sich der Afrikaner nicht vor dem Essen mal mit den wirklich wichtigen Weltproblemen auseinandersetzen, z.B. mit Fahrradwegen. Wir haben ja auch im Workshop getrommelt. Man muß sich doch gegenseitig ein bißchen anpassen. Wir haben gedacht, wenn die Menschheit irgendwann mal zusammenbricht, dann nicht wegen so einer Asienkrise, sondern weil *wir* nicht genügend Krötentunnel gebaut haben. Und jetzt gibt es Ortschaften, da gibt es für Hunderttausende von Marken Krötentunnel, da gibt's gar keine Kröten, aber es *könn-*

ten ja welche kommen. Wie viele Wohnungen sind in Deutschland nicht gebaut worden, weil da irgend jemand einen Wachtelkönig gesichtet hat oder einen Pirol. Ein Pirol braucht gemischten Obstbaumbestand, der ist empfindlich, so ein Pirol, der muß beim Fliegen denken: Mensch ist das ein schöner gemischter Obstbaumbestand hier, sonst kriegt der Depressionen. Dem können Sie nicht sagen, hier, paß mal auf, Pirol, hier wird gebaut, du kannst dafür in Zukunft den Krötentunnel mitbenutzen.

Naja, in solchen Verhältnissen, wie bei uns der Wachtelkönig oder der Pirol, lebt der Sudanese oder der russische Bergarbeiter natürlich momentan nicht. Und das finde ich natürlich auch schlimm. Es ist ja nicht so, als wenn wir uns nicht für unterprivilegierte Menschen eingesetzt hätten, ich habe mir mit Nicaragua-Kaffee den ganzen Magen ruiniert.[14]

Ich hab' das ja heute noch. Bei uns hat neulich einer an der Türe geklopft, irgendwas gefaselt, von wegen:

[14] Was ist eigentlich aus Ortegas Kinderschändung geworden? Frage an die Frauen: Was ist wichtiger: Antifaschismus oder sexuelle Korrektheit? Auch Che soll ja nichts, aber auch gar nichts von der Feldbettkante geschubst haben. Warum hat eigentlich selbst in den wirrsten Zeiten niemand nach volkseigenen Geschlechtsorganen gerufen? Ist es politisch konsequent, daß im Postsozialismus nun der amerikanische Präsident (!) als genitale Supermacht fungieren muß?

schlechte Kindheit, Gefängnis. Jetzt muß ich wieder ein Jahr lang TV-Spielfilm lesen.

Weil ich nicht nein sagen kann. Ich lasse mir aber auch jeden Mist andrehen, und ich glaube das auch immer alles. Aber in Zukunft werde ich bei Türgeschäften besser aufpassen. Ich habe die ganze Wohnung voller Blümchenpostkarten, und ich hasse Blümchenpostkarten, selbst wenn sie mit dem Mund gemalt und mit dem Hintern trockengefönt sind.[15]

Wenn man bedenkt, wie viele Schrubber, Staubtücher, Wäscheklammern sich bei mir im Keller stapeln – wenn bei uns mal einer einbricht, der glaubt, er ist in der Behindertenwerkstatt. Und wer weiß, ob das alles stimmt. Allein die ganzen Wischlappen, die ich da gekauft habe, so viele Behinderte gibt's doch gar nicht. Ich bin da auch zu gutgläubig. Manchmal glaube ich, ich bin einfach zu naiv für diese Welt.

---

[15] Selbstverständlich ist es politisch wünschenswert, wenn Behinderte kreativ tätig sind. Aber ist es politisch unkorrekt, wenn man Blinden davon abrät, den Beruf des Designers zu erlernen? Bei mundgemalten Postkarten müssen auch die Folgen für die Sehenden abgewogen werden. Wer einmal eine orange Blüte (genaue Artbezeichnung nicht bekannt) auf pinkfarbenem Untergrund zugesandt bekommen hat und deshalb drei Wochen lang nur mit Sonnenbrille das Haus verlassen konnte, weiß, wovon ich spreche. Bei fußgewerkelten Frühlingssträußen sind sogar schwere und dauerhafte Sehstörungen überliefert.

Demokratie

Empfinden Sie nicht auch eine wachsende Fremdheit in dieser Welt? Ich habe neulich in Essen in der U-Bahn folgenden Dialog mit angehört: Ey, voll kraß, ich muß auschecken. – Ey, umchecken – Ey, langsam reiten! Hier ist voll der Auschecker, ich schwör! – Voll endgeil, Viehhofer Platz – Ah, fett.[16] Dialogende. Ich dachte: Essen, O.K., aber welcher Planet?

Diese Menschen haben unsere Regierung gewählt. Mal ganz vom Ergebnis abgesehen, das kann doch nicht richtig sein. Sollten Politiker überhaupt gewählt werden, oder sollte man nicht lieber erst mal das Volk auswechseln?[17] Setzen Sie sich mal eine Stunde in ein Straßencafé, und gucken Sie sich die Leute an, die da vorbeigehen, da können Sie unmöglich für ein allgemeines Wahlrecht eintreten, diese Gestalten da, das geht doch nicht ... Man sollte über das Wahlrecht auch einfach nach dem Aussehen entscheiden. Mit ein

---

[16] 13.9.1998, Fahrtrichtung Hauptbahnhof.
[17] Dieser und die folgenden Vorschläge sind rein theoretisch und keine praktische Handlungsanleitung. Dem Autor ist bewußt, daß solch unpopulistische Maßnahmen in der Praxis einer Mehrheitsdemokratie nur gegen große Widerstände durchzusetzen wären.

bißchen Menschenkenntnis sieht man doch, ob einer bekloppt ist. Dem sagt man dann im Wahllokal: Ne, so wie du aussiehst, komm' mal in vier Jahren wieder.

Oder per Qualifikation: Wer bei der Kommunalwahl richtig gewählt hat, der darf beim nächsten Mal dann bei der Landtagswahl. Der „gelernte Wähler", der wäre auch nicht so leicht mit leeren Versprechungen hinzuhalten. Wenn dem deutschen Wähler vor der Wahl gesagt wird: Ja, in 20 Jahren haben wir doppelt so viele Rentner auf einen Arbeitnehmer wie heute, aber wenn ihr uns wählt, bleiben Renten und Beitragszahlungen, wie sie sind ...

Oder wenn dem gesagt wird: Ja, die Weltwirtschaft befindet sich in einem globalen Umbruchprozeß wie noch nie in der Geschichte der Menschheit, aber bei uns der Sozialstaat, den lassen wir so, wie er ist ... da checkt der normale Mensch an dieser Stelle natürlich sofort: Das geht doch gar nicht, der bescheißt mich. Und was sagt der deutsche Wähler? Der sagt: Öhö, den nehme ich, das klingt so romantisch.

Da beschweren sich die Leute immer: Die Politiker, die lügen und betrügen. Als wenn die Leute schon einmal einen gewählt hätten, der sich getraut hätte, ihnen die Wahrheit zu sagen.

Ich persönlich wäre da eher für eine aufgeklärte Monarchie, unter der Bedingung, daß ich König werde. Und das erste, was ich tun würde, wäre, daß ich 90 Prozent der Wähler da draußen die Fortpflanzung verbieten würde. Wenn ich da im Fernsehen die Rechtsradikalen durch Brandenburg streifen sehe, ööööööh ... Dieser Neonazigruß, der gestreckte Arm, und dann Daumen, Zeigefinger und Mittelfinger abgespreizt: Ja, das ist doch nachzuweisen, daß die bekloppt sind: Victory mit W! Aber das ist die Tragik: Fortpflanzung, das kriegen die hin. Das müßte doch nicht sein!

Individuelle Überforderung

Es gibt sogar ganze Berufsgruppen, denen ich jegliche Zeugung verbieten würde. Nein, nicht was Sie meinen, das geht ja gar nicht, da müßte man ja das Lehrerklo zumauern. Nein, ich meine eine andere Gruppe, ich kann das kurz erzählen:

Heute morgen sollte bei mir der Installateur kommen. Oder anders angefangen: Im Mittelalter dachte man, irgendwann kommt der Messias wieder. So ähnlich ist es bei mir mit dem Installateur. Ich glaube, daß er kommt – aber wann, das weiß man nicht. Ich glaube, daß der Messias vor ihm eintreffen wird. Ich glaube sogar, daß die christlichen Grundbegriffe Glaube und Hoffnung von einem Menschen mit kaputtem Durchlauferhitzer erfunden wurden. Und als dann nach Wochen endlich wieder warmes Wasser kam, da kamen Demut und Gnade hinzu.

Ich muß dazu sagen, ich persönlich brauche handwerkliche Hilfe. Ich bin nicht dieser Typ, der alles selber macht. Ich bin ja schon überfordert, wenn an meinem Staubsauger die rote Lampe brennt. Das ist eines der Dinge, die mich in dieser modernen Welt völlig überfordern, zu begreifen, warum die Melitta-Filtertüte 104 nicht in meine Vampirette reingeht. Da kriege ich die Krise.

Da denke ich oft, daß ich für diese Welt einfach nicht gemacht bin. Und das wird ja mit dem Alter immer schlimmer. Auf der einen Seite wird die Welt da draußen immer komplizierter, während im Inneren schon der altersbedingte Verfallsprozeß einsetzt. Ich gehe ja jetzt auf die Vierzig zu. Wahrscheinlich sehe ich bald den ersten Klassenkameraden von mir, wie er in der Fernsehwerbung aufsteht und sagt: Bei Blasenschwäche Granufink.

Das fängt jetzt an. Und gerade wir Männer sind ja so empfindlich. Mannsein ist ja sowieso ein Synonym für

Kränkeln, Schmerzen haben, Wehwehchen. Ich habe z. B., seit ich im letzten Urlaub in Klagenfurt beim Schützenfest neben einer Salutkanone gestanden habe, ab und zu Tinnitus. Das ist so ein Ohrgeräusch, das ist schlimmer als dieser Schorf, den ich ständig in der Nase habe, der allerdings auch öfter mal blutet. Das haben unglaublich viele Menschen, aber ich höre das nur von Männern. Wissen Sie, wie das ist, wenn Sie mit Ohrgeräuschen und blutender Nase mit einer Filtertüte in der Hand vor der roten Lampe Ihres Staubsaugers stehen?

Ich bin da überfordert. Warum brennt an meinem Staubsauger eine rote Lampe? Warum kann da nicht einfach ein Display sein, wo draufsteht, was los ist: „Mir geht's nicht gut, mach' mich aus!" oder so. Warum muß ich da erst wieder die Bedienungsanleitung rauskramen, und dann stehen da auch noch so Sachen drin wie: „Verhalten Sie die Schrauben unverletzt für möglich wieder-Transportieren in der Futur durch Befestigung sie in die extrale Löche." Steckt in diesem Satz nicht die gesamte Rätselhaftigkeit des Menschen? Das macht mir auch angst. Wird es in der Futur wirklich extrale Löche geben?

Ich meine, es ist ja schön, daß Elektrogeräte immer billiger werden, aber muß man denn ausgerechnet beim

Übersetzer der Bedienungsanleitung sparen. Auch wenn das Gerät billig war, ich würde es gerne benutzen können. So eine Bedienungsanleitung ist eine Unhöflichkeit dem Kunden gegenüber.

Verhalten im Dienstleistungssektor

An solchen Anleitungen merkt man, daß wir in einer Dienstleistungswüste leben. Das ist eine Unfreundlichkeit dem Kunden gegenüber. Ich glaube sowieso, daß bei uns Freundlichkeit als etwas zutiefst Fremdes empfunden wird.

Außer am Telefon, da ist ja seit ein paar Jahren die Freundlichkeit ausgebrochen. Wenn man irgendwo geschäftlich anruft, z. B. bei meinem Installateur, wenn Sie da anrufen, dann kommt eine Frauenstimme, und die säuselt so: Ja, guten Tag, hier Firma Müller, Installation, Sanitär, Keramik und Badeinrichtung, Beratung, Verkauf, Montage, Badkomplettrenovierung mit Wanne-in-Wanne-System, ohne Kacheln oder Streichen, Neubau, Renovierung, Altbausanierung, Rohrverlegung, Durchlauferhitzer, Entkalkungsanlagen, Whirl-Pool, Sauna, Dampfbad und Tauchbeckeninstallation, Gas, Elektro, Kraftwärmepumpen und Solaranlagen, mein Name ist Maria Marina Baumschläger-Ellenburg, was kann ich für Sie tun? Ich will dann immer sagen: Die Fresse halten und zuhören! Aber ich komme ja gar nicht zu Wort. Früher war es schön, da hieß es am Telefon einfach: Jaaa!!! Und man konnte sicher sein: aha, ein Arschloch. Also brauchte ich mich selber auch nicht zu verstellen, da konnte ich meine schlechte Laune ungefiltert rauslassen. Diese Übereinkunft nannte man deutsche Gemütlichkeit. Und man wußte, die anderen haben auch keinen Bock zu arbeiten. Heute denkt man doch, man ist der einzige, so fröhlich wie die alle sind.

Was kann ich für Sie tun?!?! Als wenn sie einem ganz selbstlos helfen wollten, aus persönlicher Verbundenheit, wie alte Freunde.

Wahrscheinlich erzählen sie einem bald noch ihre Sorgen, wie alte Freunde. Guten Tag, Firma Müller, mein Name ist Heinz Meier, ich habe einen Abszeß am linken Hoden, was kann ich für Sie tun?

Eine Freundlichkeit ... Bei uns im T-Punkt z.B., also Telekom, der ist total freundlich. Das hat es doch früher nicht gegeben. Plötzlich haben die da Kundendienst, das war früher die Post! Kundendienst! Für einen Fernmeldebeamten früher, da bestand allein das *Wort* Kundendienst schon aus zwei einzelnen Worten, die er überhaupt nicht verstanden hat: Kunde *und* Dienst.

Und dann kommt das Wort Dienst ja auch noch von dienen, einem Verb, einem Tuwort!

Aber heute heißt der Fernmeldeamtmann plötzlich Communication Sales Manager – und grinst. Ahnung hat der natürlich immer noch nicht. Haben Sie sich schon mal eine ISDN-Anlage einbauen lassen? Drei Wochen ohne Telefon, aber wenn Sie am Ende zum zehnten Mal auf Knien weinend in den T-Punkt gekrochen kommen – werden Sie mit Namen gegrüßt. Also da hat sich wirklich was getan.

Früher war es natürlich gemütlicher für die Mitarbeiter, wenn man da bei der Post arbeitete, dann hatte man sich für eine dauerhafte seelische Konsolidierung entschieden. Eine Art autogenes Training, das ca. 45 Jahre andauerte. Meine Arme sind schwer, ganz schwer, bleiern schwer. Solche Refugien für Leute, die einfach nur ihre Ruhe haben wollen, die werden natürlich immer weniger in dieser Leistungsgesellschaft.

Und das ist auch schade, eigentlich. Denn man fragt sich ja schon manchmal, was der ewige Streß soll. Warum muß alles immer effizienter werden? Warum brauchen wir plötzlich ISDN? Um uns mit zehnfacher Geschwindigkeit mitteilen zu können, daß es nichts zu sagen gibt. Wir können mit immer größerer Effizienz

Dinge tun, von denen wir früher gar nicht wußten, daß wir sie tun wollen. Früher brauchte man für 50 Kilometer einen ganzen Tag, heute gibt es das Auto, da brauchen wir für 50 Kilometer nur noch eine halbe Stunde. Und was haben wir mit der gewonnenen Zeit gemacht? Wir haben so viele Autos konstruiert, daß wir für die 50 Kilometer wieder einen ganzen Tag brauchen.

Kriminalität

Tolle Leistung, hat bloß nichts gebracht. Leistung an sich macht ja auch keinen Sinn. Viele Leute glauben ja, daß bei uns Leistung honoriert wird, aber das stimmt nicht, nicht die Leistung ist entscheidend, sondern die Effizienz! Möglichst hoher Ertrag bei möglichst geringem Aufwand, das ist das Ideal dieser Gesellschaft, also z. B. Bankraub.

Kriminalität ist ja die Fortsetzung der Marktwirtschaft ohne staatliche Zwangseingriffe wie z. B. Gesetze. Deshalb geht ja die geschichtliche Entwicklung vom Feudalstaat über die freie Marktwirtschaft hin zur organisierten Kriminalität, also zurück ins Mittelalter: modernes Raubrittertum. Das ist ein Kreislauf, das geht immer so rund. Und Kriminalität ist ja auf den einzelnen gesehen auch nichts anderes als die Privatisierung der Sozialhilfe. Was ist dagegen zu sagen, außer daß Kriminalität unmoralisch ist, aber wer argumentiert denn heute noch mit Moral? Wer kennt denn heute noch die zehn Gebote? Du sollst nicht lügen, nicht ehebrechen, nicht vom Beckenrand springen, der ganze Krempel.

Das Leben als Suche

Und gerade im Bereich Raub, Diebstahl, das sind ja oft auch hochausgebildete Leute. Taschendiebe z. B., wissen Sie, was man da für eine Geschicklichkeit braucht? Anfang des Jahres hat ein Taschendieb meiner Freundin das Portemonnaie geklaut – aus der Handtasche. Aus der Handtasche! Wenn meine Freundin in dieser Handtasche ihr Portemonnaie sucht, da braucht die 20 Minuten! Aber der Taschendieb: zack, weg! Wahnsinn!

Das ist so furchtbar, wenn man mit ihr im DM-Markt an der Kasse steht, und die ist am Suchen, da tröste ich mich nach zehn Minuten immer, indem ich mir sage: Vielleicht kommt der Ganove ja wieder und hilft. Sie verschwindet so mit dem Oberkörper in ihrer Handtasche[18], das Portemonnaie, natürlich ganz unten, konn-

[18] Meine Freundin hat in Anlehnung an Picasso („Ich suche nicht, ich finde!") ihr Lebensmotto formuliert: „Ich finde nicht, ich suche."

te man ja nicht ahnen, daß man an der Kasse zahlen muß ... Das Portemonnaie ganz unten drin, zwischen den alten Labellostiften – ohne Deckel – wo schon so der Sand draufpappt.

Wobei das jetzt keine Tasche in dem Sinne ist, das ist mehr so ein Beutel, so eine Art lederner Müllsack, wo die Gegenstände nach unten hin immer kleiner werden: Feuerzeug, Kuli von der Sparkasse und da drunter nur noch Brösel. Atomisierte Gegenstände. Rückstände von alten Pfefferminzbonbons oder Zettelchen mit Telefonnummern drauf – ohne Namen! Wie kann man Telefonnummern ohne Namen notieren? Unsere halbe Telefonrechnung besteht aus Gesprächen, wo wir irgendwelche Leute anrufen, nur um rauszukriegen, von wem die Nummer ist.

Am schlimmsten ist ja, wenn meine Freundin der Meinung ist, daß das Portemonnaie wirklich weg ist. Weil ich mich dann auch nicht zurückhalten kann, ich frage dann irgendwann natürlich: Und? Schecks und Scheckkarte hast du zusammen gehabt? Oh, oh, oh, oh, oh! Aber das bin ich natürlich Schuld, daß sie Schecks und Scheckkarte zusammen hatte, weil ich sie ja beim Suchen immer so unter Druck setze und da tut sie eben alles zusammen, damit es nicht noch länger dauert, das war klar, daß die Schuld am Ende bei mir liegen würde. Dafür ist man ja zusammen. Schöne Urlaube, ein wunderbares Abendessen, das kann man mit jeder Schlampe von der Straße haben, aber schuld sein, wenn das Portemonnaie weg ist, das ist Liebe!

Und immer wenn gerade Schecks und Karten gesperrt sind, findet sie das Portemonnaie im Kühlschrank wieder. Ach, da muß ich gestern ..., Joghurt, Milch, Eier, Portemonnaie ... weg. Ich glaube, als dieser Wissenschaftler in den USA, dieser Stephen Hawking, als der die Theorie der Schwarzen Löcher im Universum entwickelt hat, ich glaube, da hatte er die Handtasche seiner Frau vor Augen. Denn eine Handtasche ist im Grunde ein schwarzes Loch: Eine unglaubliche Menge Materie verschwindet unwiederbringlich in ihr, und nicht einmal Licht kann ihr entrinnen.

An solchen Tagen setze ich mich spät abends immer noch mal gerne alleine in mein Zimmer und lese ein bißchen in der Bibel oder in den alten Mythologien, Gilgamesch-Epos oder so, denn diese ganzen altorientalischen Bücher sagen ja im Prinzip alle das gleiche: Daß am Anfang das universale Chaos war, und aus dem Chaos entstand die Ordnung und aus der Ordnung irgendwann das Leben.

Und vielleicht ist ja damals der erste Einzeller aus der Handtasche meiner Freundin gekrochen, hat da rausgeguckt und gedacht: Boh, hier muß aber mal aufgeräumt werden, hat sich dann zum Menschen entwickelt – und ich glaube auch, daß wenn in dieser Handtasche mal alles geordnet beieinander liegt, daß sich dann die Erde auftut und die Sonne verglüht. Weil dann der Sinn allen Lebens erfüllt ist. Denn im Grunde ist das ganze Leben wie eine Handtasche, man sucht nach der Ordnung und stößt doch immer bloß auf alte Labellostifte und Telefonnummern ohne Namen. Schauen Sie mal nach. Sie haben jetzt 15 bis 20 Minuten Zeit[19], ich mache so lange Pause.

[19] Dies gilt nur für Besucher, nicht für Leser. Sie können gleich mit dem zweiten Teil beginnen! Sie können aber auch der Authentizität zuliebe erst einmal ein paar Bierchen pfeifen und dann mit halb betoniertem Kopf die zweite Hälfte lesen. Das Buch steigert dadurch seinen Kleinkunstcharakter.

Zur Pause

Die Pause, Zeit zur Entspannung und Verarbeitung. Ich empfinde sie immer wieder als kleine Allegorie auf das Leben selbst. Denn wie das Leben liegt sie zwischen dem Eigentlichen und dem Großen: zwischen dem 1. Teil, entsprechend der vorgeburtlichen Unendlichkeit, und dem 2. Teil, der Ewigkeit des Todes. Ungeklärt ist, was in diesem Fall die Zugabe bedeutet, Verlängerung des Leidens oder endgültiger Abstieg in die Hölle. Ich glaube, dies ist programmabhängig.

Jedenfalls ist die Pause als Paraphrase auf das Leben, also als sinnlose Spanne zwischen zwei Polen (nicht der Osteuropäer ist gemeint, sondern der Begriff aus der Lehre vom Magnetismus) auf der einen Seite etwas ungemein Überflüssiges (wie das Leben selbst, dessen eigentliches Sein in erster Linie Aufwand bereitet, dessen Nutzen bisher aber unbekannt geblieben ist), auf der anderen Seite etwas Unausweichliches, dessen Existenz allein durch den Getränkeausschank außer Frage steht, da der Pausenansturm auf die Theke der Gastronomie die erforderlichen Kröten in den nimmersatten Schlund bringen soll.

Hier trinkt sich das Publikum die Birne hohl, um dann im zweiten Teil sinnlich-hirnlich betäubt endlich in der Lage zu sein, das teuer bezahlte Abendspektakel auch zu goutieren. Es soll Programme geben, deren Erfolg allein darin begründet ist, daß der erste Teil in seiner ganzen Finsternis und Trübseligkeit derart zur Alkoholaufnahme auffordert, daß dann der zweite Teil in solcher Besinnungslosigkeit wahrgenommen wird, daß eine kritische Bestandsaufnahme völlig unterbunden und der Erfolg unausweichlich wird.

Wie das Leben, so wird der bewußte Zuschauer auch die Pause mit dem füllen, was er in seiner menschlichen Unzulänglichkeit durchzuführen in der Lage ist: ein bißchen Gequassel und Nahrungsaufnahme. Hier werden Fragen gestellt und die Problemstellungen des Programms so lange zurechtgebogen, bis man sicher ist, im Programm nicht selbst gemeint gewesen zu sein – sondern das Mondgesicht aus Reihe 13.

Auch ich nutze die Pause nicht nur zur Entspannung. Häufig kommt der Bürgerfunk zu Besuch oder ein Vertreter des Privatradios oder der örtlichen Tageszeitung, jemand, der ansonsten auch gerne über Gartenvereinsfeiern berichtet und dementsprechend selbstverständlich keine Zeit hatte, sich auch nur ansatzweise zu informieren, was hier im Theater vor sich geht.

Wenn er oder sie den ersten Teil gesehen hat, was nicht auszuschließen, häufig aber vergebliche Hoffnung ist, da auch Gartenvereinsfeiern um 20.00 Uhr beginnen, wird er (oder sie) Fragen stellen, die das Programm in seiner ganzen Bandbreite zu erfassen suchen, Fragen wie: Wie lange machen Sie das schon? Oder: Können Sie davon leben? Oder: Haben Sie auch was Richtiges gelernt? Oder vielleicht am häufigsten: Haben Sie vielleicht eine Pressemappe dabei?

Gemeint sind hier vor allem andere Kritiken, die die eigene Kreativität ersparen, denn was in Salzgitter stimmte, kann in Bad Wipfeln nicht falsch sein und darf deshalb mit ein paar zusätzlichen Kommafehlern ohne weiteres auch im „Anzeiger" noch einmal abgeschrieben werden. Daß genau diese Pressemappe bereits seit Tagen in der Redaktion liegt, ist dabei eher nebensächlich. Wer viel recherchieren muß, kann sich nicht um alles kümmern.

Tatsache ist: Der Redakteur des Bad Wipfelner Anzeigers braucht eine Vorlage (und wer bräuchte das nicht ab und zu?), um der Menschheit – in diesem Falle: der Unterabteilung Bad Wipfeln – dann im regionalen Feuilleton mitteilen zu können, wie „es" war, vor allem im Vergleich zur Gartenvereinsfeier! Hieraus spricht eine mir sympathische, hochphilosophische Skepsis, die den (die) Lokalschreiber(in) offenbar an seinen (ihren) eigenen Augen(innen) zweifeln läßt, ganz im Sinne der rationalistischen Ablehnung jeglicher Relevanz illusionärer menschlicher Wahrnehmung. Das Redaktionsmitglied greift deshalb lieber auf Vorgefertigtes zurück. Das spart zudem den Verschleiß grauer Zellen, sofern vorhanden.

Zur Beantwortung der improvisierten Fragen begibt man sich gerne in die liebevoll hergerichtete Garderobe, meist eine Art Kammer, wie sie das chinesische Militär in Zeiten der Kulturrevolution benutzte, um mißliebigen Subjekten seine Antipathie zu demonstrieren. Häufig stellt sich dem Tourneekünstler die Frage, ob der zur Verfügung gestellte Raum dem entspricht, was man selbst in der EU-Agrarkommission unter artgerechter Tierhaltung versteht.

Erstaunlich ist vor allem die Vielfältigkeit, mit der man eigentlich einfachste architektonische Raumsituationen ästhetisch vernichten kann, so daß sich der sensible Insasse schon beim ersten Anblick gleichsam physisch zerstört und zur Gegenwehr unfähig fühlt.

Sehr beliebt: Gewagte Regalkompositionen, angefüllt mit alten, ranzigen Kabeln, Filterfolien, Klebebändern und all dem, was sich in bürgerlichen Haushalten in genau der Schublade befindet, wo auch der Uhu (der Kleber, nicht der Vogel), die Kordel und die gebrauchten Geschenkbandschleifen sind. Zum Allerlei gesellt sich gern ein Duft aus Dioxin und Lösungsmitteln. Ein Fenster sucht der Gast vergebens, warum auch, ist die

Flucht zwischen den Halbzeiten doch ohnehin per Vertrag ausgeschlossen.

Muß ich bemerken, daß die Zelle seit Jahren von jeglicher Reinigung verschont geblieben ist? Von Weben überzogen, gärt sie vor sich hin. Das Mobiliar war offenbar für den Sperrmüll zu peinlich. Eine offene 15-Watt-Birne an rostigen Kabeln läßt das Ganze in einem kotzigen Gelb schimmeliger Käsigkeit vor sich hindümpeln. Die mit brauner Klebrigkeit überzogene Kaffeemaschine erinnert daran, daß es auch bei uns durchaus noch Fälle von Cholera geben kann, wenn die Umstände stimmen. Auf die Beschreibung des Klos will ich verzichten. Ich will nur darauf hinweisen, daß ich nun weiß, wie der Begriff Notdurft entstanden ist.

All dies erzeugt im Tourneekünstler das Gefühl besonderer Wertschätzung, verweist es doch auf die Sterblichkeit des Ruhms. So manche „Garderobe" ist insofern ein Memento mori, ein Ort, wo auch der mit Liebe überschüttete Künstler auszurufen vermag: Ecce homo!

Ähnliche Stimmung versprüht ansonsten nur noch das Hotel, das, um die Unpersönlichkeit und Anonymität unserer Spitzenunterkünfte zu vermeiden, aus der Kategorie zwischen 25 und 30 Mark gewählt wurde. Der Familienbetrieb beschäftigt an der Theke einen zahnlosen Luden, der das Etablissement um spätestens sechs Uhr am Abend verläßt – er weiß warum. Freundliche Tiere grüßen von den Wänden, und die altersschwachen Bettdecken, die schon Generationen von Käsemauken unter sich aufgenommen haben müssen, lassen vom Gewicht her vermuten, daß sie mit Blei gefüllt sind. Nebenan röchelt ein Asthmatiker das Halleluja, während der Hauptstraßenverkehr sein sympathisches Wummern durch die Fensterritze schiebt. Gerade in den narkotischen Schlaf gefallen, klopft das

Zimmermädchen, das seine Arbeit gern vor halb neun fertig hätte. Schließlich ist ein Hotel keine Heimstätte für sogenannte Gäste, sondern auch ein Arbeitsplatz für abhängig Beschäftigte, deren Lebensqualität gerade dem Kabarettisten ein Anliegen sein sollte.

Um die Wiederholung solcher Nächte auszuschließen, wird seit einiger Zeit das Hotel durch jene meiner Angestellten gebucht, die es nicht auf mein Leben abgesehen haben. Die Rechnung wird dann zugesandt. Klar, daß man somit den sozialen Anspruch auf Künstleranerkennung verloren hat, zeugt doch erst der feste Wille zum Zusammenleben mit handtellergroßen Insekten vom eisernen Durchhaltevermögen des Künstlers. Ein echter Künstler sollte sich nicht zu fein sein, seine Mahlzeit mit Sechs-, Acht- oder Zehnfüßlern zu teilen und sich auch mal das Ohr abzuschneiden, um aller Welt zu zeigen: Ich bin depressiv, ich bin Kulturschaffender!

Kann es überhaupt einen anderen Schaffensgrund geben als die Depression? Darf ein Künstler gar Lebensfreude äußern? Nun ist das Künstlerdasein ein derartiges Privileg, daß es natürlich unglaublich ungerecht wäre, wenn sich dieser paradiesische Zustand auch noch mit guter Laune paaren würde. Infolgedessen haben die Theoretiker festgestellt, daß wahre Kunst nur aus Verzweiflung entsteht. Viele Künstler prahlen deshalb mit Landesklinikaufenthalten oder wenigstens einer längeren Anstellung als gequälter Lumpenprolet in einer repressiven (meist betriebsratsfreien!) Ausbeuterfabrik, was im übrigen auch durch malerische Unterfütterung der Fingernägel unterstützt wird.

Regelmäßige Körperpflege gilt im Kunstbetrieb ohnehin als kontraproduktiv. Wenigstens ein zünftiger Plaquebelag auf den gefüllten Zähnen sollte auf regelmäßigen Nikotin- und Rotweinkonsum verweisen, um auch dem letzten Kulturkonsumenten zu beweisen: „In all den Jahren, die ich in Schlachthöfen, an Fließbändern und in U-Bahn-Tunnels geschuftet habe, ist mein Vokabular auf den letzten Rest zusammengeschrumpft, aber mit diesem Rest versuche ich rauszuhämmern, was nur drin ist ... ich bin kein lyrischer Entertainer, und ich habe nicht vor, mich auf die goldenen Scheißhäuser der Kultur zu abonnieren." (Charles Bukowski)

Sollte es in der Kultur allerdings wirklich goldene Scheißhäuser geben, dann bitte ich hiermit um politisches Asyl! Danke im voraus.

Der Mensch im seinsphilosophischen Raum

Der Computerkauf

Hallo, ja, ich bin gerade den ersten Teil noch mal durchgegangen, und da mußte ich doch feststellen, daß ich unglaublich ins Schwafeln gekommen bin, daß ich fast denke, daß ich den ersten Teil einfach noch mal spielen sollte, oder? Wissen Sie, ich kriege da einfach nicht so richtig Ordnung rein. Dabei habe ich das Programm extra mit Word 97 geschrieben, wegen der Gliederungsfunktion – aber das hat auch nichts gebracht.

Vielleicht hatte ich da auch nicht genügend Zeit, mich so richtig einzuarbeiten, weil ich ja auch noch einen neuen Computer kaufen mußte, und das kostet alles eine derartige Zeit. Haben Sie schon mal einen Computer gekauft? Da können Sie ja nicht einfach in ein Geschäft gehen und sagen: Ja, ich hätte gerne einen Computer, was soll ich da nehmen? Da kriegt der Verkäufer gleich so einen komischen Gesichtsausdruck, so zwischen Gier und Abscheu, und dann bildet sich über seinem Kopf eine unsichtbare Denkblase, in der geschrieben steht: Ah, ein Depp.

Seien Sie vorsichtig! Ich *habe* mich vorbereitet, aber das hat auch nichts gebracht. Ich kann Ihnen nur sagen, wenn Sie sich Ärger ersparen wollen, dann lassen Sie sich am besten gleich die erstbeste Kiste aufschwatzen, es ist ohnehin wurscht, was Sie nehmen, denn das Ergebnis ist immer dasselbe. Sie stellen den Computer zu Hause auf, schließen die Kabel an, installieren die Programme, und alles ist normal, also: Er funktioniert nicht. Alle Kabel wieder los, Sie packen das Ding wieder in die Verpackung, gehen wieder in den Laden und sagen: Ja, da kommt immer so eine komische Fehlermeldung, Schutzverletzung, Anwendung wird aufgrund eines ungültigen Vorgangs irgendwie – Finito – pfpfpf-pfpfffffff[1] – alles weg. Ja, sagt da der Verkäufer, haben Sie denn mal in der Systemsteuerung nachgeguckt, ob im Gerätemanager für den Laufwerkscontroller auch der aktuelle Treiber installiert ist? Äööäääö..?!?!?!?[2]

Sie fragen sich jetzt natürlich als normaler Mensch: Welche Sprache spricht der Mann? Und Sie sind eingeschüchtert. Sie bemerken, der Mann spricht eine fremde Sprache, und das ist blöd, da ist er vielleicht Ausländer, da dürfen Sie als Linksliberaler ihn nicht mal

---

[1] Der vorstehende Begriff impliziert lautmalerisch das Entleeren eines aufgeblasenen Luftballons.
[2] Der vorstehende Begriff impliziert lautmalerisch verblüffte Leere des Kleinhirns.

schlagen.[3] Sie antworten also mit einem leichten Zittern in der Stimme: Neöäh, klar, hab' ich gemacht. Er fragt zurück: Und, haben Sie denn auch den alten Treiber gelöscht? Und Sie, ohne zu wissen, wovon er spricht: Klar, hab' ich gemacht. Daraufhin er: Das ist blöd. Wenn Sie selbst in die Gerätekonfiguration eingreifen, entfällt Ihr Anspruch auf kostenlosen Kundendienst. Mann, Mann, Mann, Mann, Mann! Wenn man auf so ein Verhalten angemessen reagiert, nach wieviel Jahren ist man dann bei guter Führung wieder draußen?[4]

Normalität

Aber man kann ja nichts machen, weil man es ja gar nicht mehr schafft, dranzubleiben an der Entwicklung. Wenn man mal zwei Ausgaben Computerbild verpaßt hat, ist der Zug doch schon völlig abgefahren. Weil ja heute alles immer neu sein muß und immer schneller und immer größer, aber so sind die Menschen heute,

---

[3] Alter Konflikt der Linken: Auch der Ausländer hat ein Recht darauf, beleidigt oder geschlagen zu werden, das gehört zur Normalität im Umgang dazu. Wie aber kann man während der Beleidigung oder körperlichen Züchtigung sicherstellen, daß klar ist, daß sowohl Beleidigung als auch Züchtigung keinen ausländerfeindlichen Hintergrund haben. Tip: Vor dem Zuschlagen Button „Mein Freund ist Ausländer" anstecken .
[4] Diese Frage richtet sich vorzugsweise an Rechtsanwälte.

alles muß immer mehr und mega und giga, jeder muß heute an seine Grenzen gehen. Jeder Friseur aus Bad Wildungen muß seine Grenzen kennen. Und das kann ganz schlimm enden, wenn Friseure aus Bad Wildungen an ihre Grenzen gehen.[5]

Da fangen die an mit Flugdrachen fliegen in Colorado. Oder: Wenn Sie Friseur sind in Bad Wildungen, dann müssen Sie unbedingt Golf spielen auf Sumatra. Das ist ganz wichtig, sonst haben Sie Ihr Leben verschenkt. 18 Löcher – und Sie als Arschloch mitten drin.

Jeder Idiot will heute was Besonderes machen, was Besonderes sein, jeder versucht heute irgendeinen Weltrekord zu brechen. Und wenn er überhaupt nichts kann und zu doof für alles ist, dann läßt er sich halt mit 27 Krokodilen in eine Telefonzelle[6] sperren. Hauptsache, man hat seine Grenzen kennengelernt. Keiner will normal sein. Wann haben Sie das letzte Mal jemanden

---

[5] Viele Leute fragen mich vielleicht zu Recht, woher mein gespaltenes Verhältnis zu Friseuren aus Bad Wildungen rührt. Ich weiß es selber nicht. Es scheint eine Art Poesie zu sein, die hier ihre Wirkung entfaltet. Kann es eine unscheinbarere Lebensform im Universum geben, als die des Friseurs in Bad Wildungen (abgesehen von der des Wirtschaftsprüfers in Everswinkel)? Es ist die totale, den ganzen Menschen durchdringende Überflüssigkeit, die mich fasziniert. Näheres klären Sie bitte mit meinem Therapeuten.
[6] Ersatzweise 35 Jahre Skatspielen ohne Brille und rückenstützendes Keilkissen.

sagen hören: Ich bin nichts Besonderes, ich will auch gar nichts Besseres sein, ich bin normal. Das ist das Anomalste, was man heute sein kann: normal. Ich bin so normal, das ist schlimm. Das ist so ein Alptraum von mir, daß ich irgendwann sterbe, und da steht einer an meinem Grab und hält eine Rede, aber die ist nur ganz kurz, denn der Mann sagt bloß: Er war – normal. Und dann dreht sich die ganze Trauergemeinde um und alle sagen: Ja was trauern wir denn dann hier blöd rum ...

Wahrscheinlich habe ich auch einfach zu wenig Selbstvertrauen, um mich für was Besonderes zu halten. Ich glaube, ganz viele Menschen da draußen haben heute ein völlig unberechtigtes Selbstbewußtsein. Ich glaube, viele Menschen stehen morgens auf, stellen sich vor den Spiegel und fragen sich als erstes: Was kann ich der Welt heute geben?

Gut, wahrscheinlich ist das gar nicht so verkehrt, nur so erreicht man was. Warum werden die Menschen so verschieden, obwohl sie alle die gleichen genetischen Grundlagen haben. Denn genetisch sind wir ja praktisch alle gleich, alle verwandt. Wenn man die genetischen Kombinationsmöglichkeiten berechnet, jeder hat vier Großeltern, die wieder jeder vier, sind 16, und so geht das weiter, 64, 256, 1024 usw., das ist wie mit diesen Reiskörnern auf dem Schachbrett, in der 15. Generation ist die Milliarde überschritten. Und in der 17. Generation ist dann die gesamte Menschheit miteinander verwandt. Die gesamte Menschheit! Österreich inklusive.

Wir alle sind Urenkel Karls des Großen. Sie sind ein Nachfahre Karls des Großen.[7] Aber bilden Sie sich nichts darauf ein, der auch. Der da, ein Nachfahre Karls des Großen oder der – naja, aber Sie auch. Wir alle sind direkte Nachfahren von Karl dem Großen. Allerdings rechnerisch auch von seinem Stallknecht. Und wahrscheinlich sogar von seinem Pferd. Aber das ist es ja: Alles ist drin. Werden Sie Kaiser! In jedem steckt etwas Außergewöhnliches. Und wenn es bloß eine außergewöhnliche Mittelmäßigkeit ist. Talent läßt sich heute mühelos mit Selbstbewußtsein kompensieren. Auch wenn Sie ein Hirn haben wie Verona Feldbusch und aussehen wie Mahatma Gandhi, tun Sie einfach so, als wäre es umgekehrt. Ich habe da nicht so einen Ehrgeiz, da laufe ich lieber in Ruhe mit dem Jochen meine Runden im Park. Mit meinem Top-Running-Schuh.

---

[7] Auch der Leser darf sich angesprochen fühlen. Auch Sie sind direkter Nachfahre Karls des Großen. Allerdings auch von Pippin dem Kurzen sowie seinem Latrinenputzer.

Erneuter Versuch, einen Sportschuh zu kaufen

Habe ich eigentlich erzählt, daß ich mir einen gekauft habe? Sehen Sie, da können Sie sehen, wie durcheinander das alles war. Ich habe einen Laufschuh gekauft. Aber das war ein Aufstand! Zuerst war ich noch bei Nike, ich hatte da im Fenster eine Werbung gesehen, die mich unglaublich aufgewühlt hat. Da stand: „Sie kaufen nur einen Schuh, aber dahinter steckt eine ganze Philosophie!" Eine Philosophie. In einem Turnschuh! Ich natürlich da rein, habe mir diesen Turnschuh mal zeigen lassen, gucke da so rein, und wirklich, vorne drin in dem Schuh steckte zusammengeknüddeltes Papier. Ich war so gespannt auf diesen Zettel, weil ich gedacht habe, auf diesem Zettel steht vielleicht die Erklärung allen Seins. Ich ziehe ihn raus, knüddel' ihn auf, und was denken Sie, was da drauf stand? Nix. Leere. Aber das war ja gerade das Geniale, denn was sagte mir dieser Zettel: Zu Sein heißt einfach nicht mehr als Sein an sich.[8] Ohne Worte. Worüber man nicht reden kann, darüber soll man schweigen.[9]

[8] Vergleiche Martin Heidegger, Jean-Paul Sartre, Heiner Lauterbach.
[9] Vergleiche Ludwig Wittgenstein, Mario Basler.

Was für eine Weisheit. Was für eine Philosophie – in einem Turnschuh! Und ich habe immer gedacht, was da in so einem Turnschuh steckt, das ist einfach ein Schweißfuß, nein, das ist eine Philosophie. Mitten in einem Air Viable Mid aus atmungsaktivem Mesh mit Phylonmittelsohle und Flexile-Air im Vorfuß. Ich wußte bis dahin gar nicht, daß ich einen Vorfuß habe. Ich dachte, mit einem Vorfuß müßte man Einlagen tragen. Aber heute trägt man keine Einlagen mehr im Schuh, sondern Philosophien. Eine Geldämpfung in Anlehnung an Hegels[10] Dialektik. Und bei der Phylonmittelsohle mußte ich gleich an Sartre denken: Wenn der Mensch wirklich ins Leben geworfen, zur Existenz verurteilt und zum Tode verdammt ist, ja, da soll doch wenigstens der Schweißfuß gedämpft sein. Finde ich in Ordnung.

Ein Schuh ist heute nicht mehr einfach ein Schuh. Wahrscheinlich steckt bald schon ein Navigationssytem im Turnschuh, da sagt einem der Schuh, wo es langgeht. Früher sagten einem die Philosophen, wo es langgeht, aber morgen schon tut das der Turnschuh selber.

---

[10] Der Erfinder des dialektisch paarweise verkauften Turnschuhs: These (rechts) und Antithese (links) ergeben die Synthese, das Paar, ohne das bekanntlich gar nichts mehr geht bzw. läuft oder springt, je nachdem.

Der läuft dann von alleine. Da können Sie beim Joggen schlafen. Bloß wenn der Akku leer ist, dann steht man da.[11]

Früher war's einfacher

So was gab es früher nicht, da war der Sport irgendwie noch einfacher. Fußball z. B.: Früher, da ging der Spieler zu Fuß zum Stadion, dann wurde gefragt, wo ist der Feind, und dann ging's zur Sache. Heute gibt es Laktattest, computerüberwachtes Kardiotraining. Bloß spielen tun sie wie nach dem dritten Schlaganfall. Früher war es einfacher. Wenn so ein Spieler verletzt war, z. B. der Katsche Schwarzenbeck, der hat sich doch wegen 'nem Knochenbruch nicht auswechseln lassen. Gut, wenn es ein offener Bruch war, dann dauerte die

---

[11] Der berüchtigte Phantomeffekt, der erst in der Lithium-Ionen-Technologie überwunden wird, führt dazu, daß jeder Akku im Haushalt Pflege, d. h. gezieltes Ent- und wieder Beladen benötigt. Ein eigener Kleincomputer (Lap- oder Palmtop) zur Organisation der verschiedenen Wartungsvorgänge wirkt hier Wunder. Ein Kalenderprogramm mit Mahnfunktion erinnert an die anstehenden Aufgaben im Akkumulatorhaushalt. So bleiben Rasierer, Foto- und Videokamera, tragbarer CD- und Mini-Disk-Spieler, Gameboy, Datenorganizer, Schnurlostelefon und Handy, tragbarer Computer, Reisemodemadapter, DV-Walkman und portabler DVD-Spieler sowie elektrische Zahnbürste, Reisetaschenlampe und andere zahlreiche praktische Helfer des Alltags länger betriebsbereit. Der tägliche Aufwand beträgt wenig mehr als zwei, drei Stunden.

Behandlungspause mal zwei, drei Minuten, bis der Knochen gerichtet war und die Wunde getackert. Dann bekam der einen Tritt in den Hintern und zack, da machte der schon die nächste Blutgrätsche.

Heute, wenn da ein Spieler ein Wehwehchen hat, dann wälzt der sich erst mal durchs Stadion, bis er die richtige Kameraposition erreicht hat. Dann laufen vier Leute mit dem Kernspintomographen aufs Feld. Und der Bordcomputer vom Fußballschuh zeigt unter der Sohle die geeignete Operationsmethode an.

Und im Todesfall hat man ja immer noch seelischen Beistand, war da nicht noch eine Philosophie in seinem Fußballschuh? Eine Philosophie in einem Sportschuh! Da muß man erst mal drauf kommen, es ist unglaublich, wie kreativ der Mensch sein kann. Ich bin z. B. neulich in Berlin an einem Automaten vorbeigekommen, das war ein Kondomautomat, total versifft, der sah aus wie diese alten Pez-Automaten, so angerostet, ekelhaft, und ich dachte so, Mensch, dachte ich, guck' mal, ein Automat, wo man die Krankheit mitziehen kann. Und wissen Sie, was da draufstand? Hygieneboutique. Da muß man erst mal drauf kommen! Meine Laufschuhe habe ich übrigens zwei Wochen später dann bei Tchibo gekauft. Da muß man erst mal drauf kommen! Dafür bestelle ich meinen Kaffee übers Internet. Irgendwie bin ich auch ein bißchen durcheinander.

Klopapier

Machen Sie das auch schon mal – Internetshopping? Das ist nicht schlecht, vieles ist auch einfach billiger, z. B. Aspirin kaufe ich im Internet, da kostet die große Packung 1,95 $. Gut, man weiß nicht genau, wo es herkommt. Aber, da habe ich mich erkundigt, wenn die das bei uns verkaufen, dann müssen die sich auch an unser Arzneimittelrecht halten. Gerichtsstand ist allerdings Puacahontacapetl. Aber so ist das eben, dafür spart man ja was.[12]

Ich versuche ja immer, ein kritischer Verbraucher zu sein. Aber ich schaffe das nicht immer. Meine Nachbarin, die Frau Stragold[13], die ist so eine richtig kritische Verbraucherin, die fährt z. B. immer von uns aus

[12] Im Normalfall kann beim Internetshopping gar nichts passieren, da zwar der Kaufbetrag von der Kreditkarte abgebucht wird, der gekaufte Artikel aber gar nicht erst zugesandt wird. Nach zwei, drei Monaten Wartezeit sind Sie ohnehin nicht mehr sicher, ob Sie definitiv bestellt haben, und können auch die zahlreichen Abbuchungen auf der Karte nicht mehr einzeln nachvollziehen. Vorteil: Sie haben die Freude des Einkaufs genießen können, ohne die Wohnung mit weiterem unnützen Plunder vollzuschaufeln.
[13] Name aus datenschutzrechtlichen Gründen geändert, sie heißt in Wirklichkeit Schmamann.

nach Holland zum Kaffeekaufen. Das sind zweimal 80 Kilometer. Da spart sie 2 Mark, das macht die aus Prinzip. Die kauft auch immer Verbraucherzeitschriften, Plus und solche Sachen. Ab und zu gibt sie mir da auch mal was rüber. Neulich hat sie mir was Interessantes rübergebracht, das sollte ich mal lesen: ein Drei-Seiten-Test dreilagige Klopapiere, wo dann wissenschaftlich nachgewiesen wurde, daß bei dreilagigen Papieren, wenn man Saugfähigkeit, Reißfestigkeit sowie Hautfreundlichkeit testet, die 8-Rollen-Packung zu hundert Blatt und Testurteil sehr gut einen Preis von 0,49 Pfennig pro Blatt ergibt, wo das zweilagige Papier zwar einen Blattpreis von 0,25 Pfennig erzielt und einen vorderen Platz bei der Reinigungskraft, aber in der 8-Rollen-Packung à 200 Blatt in der Ergiebigkeit nur ein Plus erreicht.

Was macht man da? Der Besserverdienende sagt da vielleicht: scheiß drauf. Aber Frau Stragold? Die fragt sich, wieviel sind 0,25 Pfennig in Gulden, und schon sitzt sie wieder im Auto – um dann in Venlo festzustellen, daß sie den Ordner mit den Testergebnissen vergessen hat, und dann bringt sie doch wieder die 8-Rollen-Packung Happy-End mit, die im Testbereich Saugfähigkeit nur einen Mittelplatz bekommt. Das Ergebnis liegt auf der Hand. Einem Land, in dem so

viele Menschen Zeit haben, sich mit solchen Proble-
men herumzuschlagen, kann es nicht wirklich schlecht
gehen.

Ich frage mich manchmal, ob ich überhaupt in einem
Land leben möchte, wo das Klopapier „Danke" heißt.
Danke! Das wäre eigentlich auch ein schönes Mutter-
tagsgeschenk. Statt Merci. Für den nationalkonservati-
ven Haushalt: Mutter, ich habe dir etwas Deutsches mit-
gebracht. Ein Klopapier, das „Danke" heißt! Kennen Sie
den Philosophen Villem Flusser? Der hat festgestellt,
daß die Dinge dadurch für uns Existenz erlangen, daß
wir sie wahrnehmen, also dadurch, daß sie uns mitge-
teilt werden, also daß eine Kommunikation stattfindet.

Ich will aber gar nicht dadurch Existenz erlangen, daß
ich von meinem Klopapier als Kommunikationspartner
wahrgenommen werde. Ich will nicht von meinem Klopapier auf plump anbiedernde Weise angesprochen werden. Ich will auf dem Klo allein sein. Ich möchte, daß
mein Klopapier einfach einen Namen hat, der darauf
hinweist: Ich bin nur ein Klopapier und kein höflicher
Kamerad in allen Lebenslagen, der sich für den Ge-
brauch auch noch bedankt, daß ich dasitze mit Schuld-
gefühlen und denke: Wie höflich dieses Papier ist, und
was mache ich damit. Mein Klopapier soll einfach „Klo-

papier" heißen. Da würde ich sogar 0,6 Pfennig pro Blatt bezahlen, bei nur mittelmäßiger Saugfähigkeit.

Dieses Land ist rein fäkalwissenschaftlich gesehen sowieso schon Avantgarde. Auf den Autobahnraststätten z.B. gibt es jetzt immer häufiger das umweltfreundliche wasserlose Urinal. Da klebt so ein großer Aufkleber an der Wand: Das wasserlose Urinal – spart 100 000 Liter Trinkwasser im Jahr. 100 000 Liter Trinkwasser, was machen die Leute? Saufen die daraus? Und gab es das wasserlose umweltfreundliche Urinal nicht schon einmal, vor langer Zeit? Hieß das nicht früher Donnerbalken? Auf einem Donnerbalken wischte einem wenigstens keine Frau mit einem Wischmopp um die Füße herum. Jetzt mal an alle Frauen hier: Wissen Sie, wie das ist? Wenn Sie einfach so dastehen beim Pinkeln, die Luft ist schwanger mit Ammoniak und Schwefel, Hirn und Blase leeren sich langsam, und plötzlich wischt einem eine völlig fremde Frau mit einem Wischmopp um die Füße. So was gab es auf einem Donnerbalken nie. Und das Klopapier sagte noch nicht danke. Es war einfach gar nicht da. Wahrscheinlich verkaufen die einem bald auch noch das umweltfreundliche papierlose Klosett. Aber das gab es früher schon. Es hieß Busch. Und da geh' ich beim nächsten

Mal auch wieder hin. Und nachher soll man 50 Pfennig hinlegen. Wofür? Daß es nicht gebrannt hat?

Für alles gibt es hochtechnisierte Lösungen, bloß pinkeln muß man immer noch mit der Hand. Da muß es doch was geben, die Natur läßt sich durch die geeignete Technik immer noch verbessern. Viele glauben ja, daß Natur und Technik Gegensätze sind, aber ich glaube das nicht, Gott hat uns den Verstand gegeben, damit wir die Natur mit unserer Technik nutzen. Gott hilft uns ja dabei. Er gibt uns ja ständig kleine Hinweise. Warum hat der Truthahn einen Darmausgang? Damit der Mensch weiß, wo er das Backthermometer einführen muß. Gut, ich weiß, die Kausalkette ist angreifbar, als Gottesbeweis geht das nicht durch. Aber es könnte so sein.

Körperlosigkeit: im Cyberspace

Ich will ja nur sagen: Was ich nicht gut finde, ist, wenn der Mensch versucht, Natur durch Technik zu ersetzen. Japanische Wissenschaftler haben bei einer Kakerlake die Hinterbeine durch künstliche Beine ersetzt, die künstlichen Beine wieder an die Nervenenden angeschlossen, und die Kakerlake konnte damit wieder genauso laufen wie mit ihren eigenen Beinen.

Und jetzt wollen sie Zug um Zug alle Teile der Kakerlake durch künstliche Teile ersetzen, bis sie eine komplette künstliche Kakerlake haben, einen biomorphen
Computer.[14] Das ist doch unglaublich, oder? Ich muß
sagen, das hat mir immer schon gefehlt, eine künstliche Kakerlake. Wahrscheinlich kann man die dann
sogar programmieren, daß sie nicht wegläuft, wenn
man mit dem Schuh draufhaut.

Wahrscheinlich kann man in Zukunft irgendwann auf
Körper komplett verzichten, wenn sich das ganze Leben
in den Cyberspace verlagert, Internet usw. Sie sind ja
eher Internetmuffel, oder habe ich das falsch verstanden? Internet ist toll, da kann man kommunizieren,
ohne sich zu sehen, das ist schön, das wollen die Menschen. Warum telefonieren die Menschen so gerne?
Damit sie sich nicht sehen müssen. Deswegen setzt sich
ja auch das Videotelefon nicht durch. Ich zahl' doch nicht
mehr für einen Nachteil. Aber das Unglaubliche am
Internet ist die Informationsfülle. Ich habe neulich z. B.
eine Statistik gefunden, die belegt, daß Danilo Popivoda

---

[14] Ich möchte noch einmal darauf hinweisen, daß diese Nachricht wirklich
der Wahrheit entspricht. Leider hat bisher noch keine Kakerlake versucht,
japanischen Wissenschaftlern die Beine auszureißen. Wenn es dazu kommt,
werde ich Sie selbstverständlich auf dem laufenden halten.

in der Saison 78/79 beim HSV viermal ausgewechselt wurde. Ja, wo erfährt man das denn sonst noch?

Und dann können Sie auch gleich darüber diskutieren, im Chat-Room. Da können Sie mit einem Eskimo über die Aufstellung von Inter Mailand diskutieren. Wenn mir vor zehn Jahren einer gesagt hätte, daß ich mal mit einem Eskimo über die Aufstellung von Inter Mailand diskutieren würde, ja da hätte ich doch gesagt: Mensch, hätte ich da gesagt, warum soll ich mit einem Eskimo über die Aufstellung von Inter Mailand diskutieren?

Aber die Antwort ist einfach: Weil es geht, deshalb! Gut, das wäre vor zehn Jahren auch schon gegangen, per Telefon. Aber woher soll ich denn die Telefonnummer von irgend so einem Eskimo wissen. Aber da hilft dann wieder das Internet, da gibt es eine internationale Telefonauskunft, da geben Sie ein: „Eskimo", und schon bekommen Sie die Telefonnummer von Karl-Heinz Eskimo aus Greding im Altmühltal. Und das ist doch auch schön. Das ist Kommunikation.[15]

Fußball ist für mich sowieso das beste Beispiel dafür, wieviel Lebenszeit man sinnlos totschlägt. Und das ist

---

[15] In der Internetkommunikation im sogenannten Chat-Room gibt es kein Thema, über das nicht diskutiert würde. Das Internet ersetzt dadurch die Agora des klassischen griechischen Stadtstaates und wird zum Forum aller

weltumspannend. Bei der letzten Fußball-WM ist es beim Spiel Saudi-Arabien gegen Südkorea in der namibischen Savanne zu einem Familiendrama gekommen, weil einem fußballbegeisterten Nomaden in der 88. Minute eine Antilope durchs Bild gelaufen ist. Da ist der ausgeklinkt. Und ich bin da nicht besser. Ich habe damals, das war ein Donnerstagabend, das weiß ich noch genau, da habe ich mir Österreich gegen Kamerun reingetan. Und das muß Mitte der zweiten Halbzeit gewesen sein, da habe ich mich plötzlich gefragt: Was machst du hier eigentlich? Warum guckst du dir das an, Österreich gegen Kamerun? Was verbindet man mit diesen Ländern, Österreich und Kamerun? Auf der einen Seite: Exoten, eine fremde Kultur, wilde Riten und auf der anderen Seite: Kamerun.

Wegwerfgesellschaft

Es ist schon komisch, was man mit seiner wertvollen Lebenszeit so anstellt. Das Leben ist so kurz, und einen

gleichberechtigten Bürger, eine wünschenswerte Entwicklung. Allerdings bewegt sich die Diskussion, auch wenn sie z. B. politische Bereiche behandelt, häufig auf eher volkstümlichem Niveau. Das folgende Gespräch ist exemplarisch wörtlich wiedergegeben: „Schröder ist ein Sau! – Gar nicht! – Selber Sau! – Ich will ficken. – Kohl ist doof." Der Interessierte erhält auf diesem Wege erstaunliche Einsichten in die Vielschichtigkeit und Aktualität des politischen Denkens unserer Bevölkerung.

Großteil verbringt man dann noch beim Schlüsselsuchen; bis ich mal das Haus verlassen habe, das dauert ja alles ... Dann muß man noch den Müll runterbringen, Treppe putzen, Klorolle auswechseln, schon ist man wieder tot. Und was hat man dazwischen erlebt? Eher nichts von Bedeutung. Das hat mal einer so gesagt: „Die Wahrscheinlichkeit, etwas Außergewöhnliches durch die Zeitung zu erfahren, ist weit größer, als die, es zu erleben. Mit anderen Worten: Im Abstrakten ereignet sich heute das Wesentliche und das Belanglose im Wirklichen." Wahnsinn, nicht? Ich kann das noch mal wiederholen, wenn Sie möchten: „Die Wahrscheinlichkeit,, etwas Außergewöhnliches durch die Zeitung zu erfahren, ist weit größer als die, es zu erleben. Mit anderen Worten: Im Abstrakten ereignet sich heute das Wesentliche und das Belanglose im Wirklichen." Wir können jetzt Arbeitsgruppen bilden, wenn Sie möchten.

Das hat Robert Musil festgestellt, 1933[16], Wahnsinn, da gab es noch nicht mal Fernsehen! Um wieviel schlimmer ist das heute in dieser Informationsflut, wie mie-

---

[16] In: Der Mann ohne Eigenschaften. Die Seitenzahl müssen Sie selber rausfinden. Das sind weit über tausend Seiten! Woher soll ich das noch wissen? Was soll ich denn noch alles behalten?!

fig ist da das eigene Leben. Ich meine, klar, ich würde natürlich auch gerne mal was richtig Weltbewegendes schaffen, aber wie hat meine Mutter früher immer gesagt: Bevor ich die Welt in Ordnung bringe, soll ich erst mal mein Zimmer aufräumen. Im Grunde arbeite ich an dem Problem heute noch. Im Grunde ist daran die gesamte alte Linke gescheitert, daß die große Utopie schon beim Spüldienst nicht mehr durchzuhalten war.[17]

Eigentlich müßte ich mal richtig von vorne anfangen, mal alles wegschmeißen, was sich überlebt hat, die ganzen alten Sachen, Ideen, den ganzen Plunder, aber ich kann das so schlecht. Was bleibt denn dann noch, wenn man alles wegwirft, das ist doch alles Vergangenheit, und wenn man keine Vergangenheit mehr hat, ist ja praktisch das ganze Leben weg.

Ich kann das nicht. Ich habe auch schlechte Erfahrungen gemacht mit Wegwerfen. Immer wenn ich in meinem Leben gerade was weggeschmissen hatte und

[17] Es ist zwar möglich, mit dialektisch geschulten Menschen eindeutige ideologische Wahrheiten herauszuarbeiten. Wenn dieselben Leute aber im Wohngemeinschaftskollektiv immer wieder den Joghurt von Dörte aus dem Kühlschrank klauen, wird aus der sozialistischen Gruppe schnell ein zerstrittenes Kartell individualistischer Kleinbürger, deren Liquidierung unter Stalin unausweichlich gewesen wäre.

wenn gerade die Müllabfuhr da war, genau in dem Moment hab' ich gemerkt, wofür ich es eigentlich noch hätte brauchen können. Ich wette, in dem Moment, wo ich meinen alten Computer wegschmeiße, erfinden die eine Software, mit der ich den Computer als Friteuse verwenden kann.

Dabei kennt meine Rechtschreibprüfung in Word 97 das Wort Friteuse überhaupt noch nicht, das können Sie selber zu Hause nachschauen, das stimmt, da macht mir der Computer so eine rote Schlangenlinie drunter. Und was bietet er mir als Alternative an: Friseuse. Genau wie bei Viagra im ersten Teil, kennt der nicht! Und was bietet er mir an? Vikar. Gut, das ist schon näher dran. Aber Friseuse! Das ist wahrscheinlich die Zukunft: Wenn Microsoft die Welt beherrscht, dann können Sie Ihre Friteuse durch eine Friseuse ersetzen.

Warum soll mein Computer auch nicht als Friseuse arbeiten? Computer werden doch ohnehin immer menschlicher, weil sie ja auch immer mehr Fehler haben. Und die nächste Version von Windows soll noch menschlicher werden. Sie soll nicht nur Fehler haben, sondern auch noch Achselschweiß und Mundgeruch. Und auf Spracheingabe reagieren, und zwar mit Widerworten.

Es ist ja schon heute so, daß ich, wenn ich in Office 97 den Hilfeassistenten aufrufe, dann kommt ja diese völlig abgedrehte, psychopathische Büroklammer, also daß da noch nicht mehr Leute auf den Computer geschossen haben! Da hat man ein Problem, und dann kommt so eine „lustige" Büroklammer, wollen die mich verarschen oder was? Und dieser Büroklammer kann ich dann einfach eine Frage stellen, wie einem Menschen: Wie mache ich dies und das, und der Computer gibt mir Antwort. Genau wie ein Mensch! Wahnsinn! Gut, die Antworten haben nie mit der Frage zu tun, die ich gestellt habe, aber ich sage ja – genau wie ein Mensch ...

Ewige Steigerung: Wie viele Tenöre braucht der Mensch?

Die Welt wird gleichzeitig immer menschlicher und immer künstlicher. Und irgendwann wird die ganze Welt derart künstlich sein, daß sie uns vollkommen menschlich erscheint. Alles wird so komplex und perfekt sein, das ganze Leben ein einziges perfektes Ereignis, alles wird immer besser. Denn es muß sich ja alles steigern. Früher war das anders. Da reichte es noch, wenn man einmal im Leben den besten Tenor der Welt live auf einer Bühne gesehen hatte. Das war ein Erlebnis, das behielt man ein Leben lang. Aber heute? Heute müssen es schon *drei* Tenöre sein. Und morgen werden es fünf Tenöre sein, und die müssen beim Singen mit brennenden Katzen jonglieren.

Aber damit wird es ja auch noch nicht zu Ende sein, dann muß ja wieder was Besseres kommen, dann werden sie zur sensationellen Performance nach Italien reisen. Der ultimative Event: „Nero“. Die besten zehn Tenöre der Welt auf einer Bühne, in den Bergen des Apennin, im Hintergrund das brennende Rom. Aber schon am Tag darauf wird man sich fragen, ob nicht die Stimme des einen Tenors nicht eine gewisse Blässe hatte. Und man freut sich schon auf das nächste Jahr, denn im nächsten Jahr wird dann der große, neue Jungtenor José Bondoras gemeinsam mit hundert karibischen Jungfrauen in einem Hubschrauber über dem explodierenden Mexiko City „O sole mio“ in 154 Sprachen singen. Gleichzeitig. Das wird ein Ereignis. Und im Publikum sitzen lauter Friseure aus Bad Wildungen, die alle bereits darüber nachdenken, was sie danach machen könnten, Surfen auf Hawaii oder Tauchen im Roten Meer. Mit der neuen Uhr, die sie eben im Duty-free-Shop mitgenommen haben.

Wo ist der Überblick?

Wobei ich mich über so was nicht lustig machen sollte. Ich habe jetzt auch eine Taucheruhr, dabei war ich noch nie tauchen, aber vielleicht will ich ja irgendwann mal tauchen, und dann hab' ich schon mal eine Uhr. 500 Seiten Handbuch dabei. Die ist multifunktional, von Casio. Wenn ich bei der in 200 Meter Wassertiefe im Stopwatch-Modus die Tastenkombination „Adjust-Set-Set-control-restart-up-link" drücke und dabei mit dem Schneidezahn in die auf Seite 168 beschriebene Vertiefung A31 am Armband beiße, dann zeigt mir die Uhr an, wie spät es ist – und ob ich mir den Zahnstein entfernen lassen und die Wischerblätter austauschen muß. Allerdings: Sie sagt nicht danke. Aber dafür hab' ich ja mein Klopapier.

Dabei benutze ich gar nicht „Danke". Eine Zeitlang habe ich dieses Klopapier benutzt, das hieß „Ja", das fand ich so toll: einfach „Ja". Das nenne ich eine positive Lebenshaltung. Ja, das Leben ist Scheiße, aber ich sage ja dazu. Spül' mich runter!

Und heute habe ich ein ganz sanftes dreilagiges, das erste trockene und feuchte Toilettenpapier mit wertvollen Kräuterwirkstoffen und Provitamin B5. Pflegt

und schont Ihren Po. Klinisch getestet.[18] Ich hasse es,
wenn Menschen ihr Umweltbewußtsein beim Klopapier ausleben. Die fliegen dreimal im Jahr nach Bali,
aber auf dem Klo gibt es einlagig Schmirgelklasse A,
daß ich wieder abends in der Notaufnahme sitze wegen
Blut im Stuhl. Dabei habe ich bloß nicht gemerkt, daß
ich zwischen Rücken und Kniekehle keine Haut mehr
habe.

Gut, vielleicht sind das die wenigen Momente in dieser Welt, wo man noch am eigenen Leib spürt, daß
man lebendig ist, wenn einem der Hintern blutet. Vielleicht ist das ein Lichtblick in dieser vollsimulierten
Welt, in der es Verbraucherzeitschriften mit Anleitungen zum Klopapierkauf gibt.

Unglaublich, worüber man heute alles informiert[19]
wird. Das ist die Informationsgesellschaft. So viel zu
wissen, daß man nichts mehr begreift. Da kommt

[18] Viele Erreger dringen durch die Öffnungen ein. Wer da sauber bleibt,
erlebt keine Überraschungen!
[19] Nach Flusser impliziert der Begriff „Information" ein „in Form bringen",
d.h. eine formale Veränderung des Seienden. D.h., die bloße hinzuge-
wonnene Erkenntnis, daß es ein afterschonendes Toilettenpapier gibt,
bewirkt bereits eine Veränderung des Bewußtseins, ob man will oder nicht.
Es läßt sich also feststellen, daß die Grenze zwischen Information und Deformation fließend ist. Flusser unterscheidet zwischen „Rede" und „Gerede".

einem ja die ganze Welt ins Haus: Afghanistan, Ruanda, Sudan, blicken Sie da eigentlich noch durch, wer da gegen wen kämpft? Taliban, Tamilen, Tutsi, ich weiß manchmal gar nicht mehr, sind das jetzt Völker – oder Terrorgruppen – oder das Pferd von Winnetou?[20]

Man ist den Medien ja auch so ausgeliefert. Wenn die sagen würden: „Das sind alles Karnevalsvereine", das müßte ich doch auch glauben. Da kommen aus dem herrlichen Afghanistan die Taliban-Milizen!!! Umpftata, umpftata ... Man kann das doch gar nicht mehr alles überprüfen.

Ab und zu werden in Algerien ganze Dörfer umgebracht. Gut, da ist jetzt gerade keine Saison. Das ist ja wie mit den umfallenden Tanklastwagen und den strandenden Tankern, das hält sich ein paar Monate, und dann verliert es den Nachrichtenwert. Aber irgendwann kommt das ja wieder, dann gibt es da wieder 80 Tote,

Während „Rede" einen praktisch ausgestorbenen Vorgang der Informationsüberbringung meint, deutet der Begriff des „Geredes" auf die heute übliche Form des Sprachterrors hin, der seine abscheuliche Personifizierung in Pfarrer Fliege oder Kai Pflaume findet. Im Sinne der Information als Deformation des Seienden läßt sich hier möglicherweise der TV-Alltag als Körperverletzung gerichtstauglich machen. Leider lesen unsere Richter nicht Villem Flusser, sondern einschlägige Rechtszeitschriften und Praline.

[20] Wer weiß, wie das Pferd von Winnetou hieß, der behalte es bitte für sich und möge auf eine Richtigstellung verzichten!

und man denkt: Moment mal, warum das denn? Warum erklärt mir das keiner. Aber da ist ja gar keine Zeit für Erklärungen, denn da ist ja noch der Flugzeugabsturz, der Massenunfall im Nebel, dann Wetter und Müller Milch, Müller Milch.[21]

Wobei die Werbung am schlimmsten mitten in der Nacht ist ... Ab Mitternacht wird einem in der Werbung ja fast nur noch Telefonsex angeboten. Neulich, ich sitze da, plötzlich fangen zwei riesige Silikonbrüste an, mit mir zu sprechen, und wirklich, das waren Kaliber, ich bin sensibel, Riesendinger, und die duzten mich einfach. Dabei: Ich kannte die überhaupt nicht, das hätte ich nun wirklich behalten, und die eine von den beiden, ich weiß nicht mehr welche, sagte: Heute nacht brauche ich dich. Wobei ich da wirklich sagen muß, normalerweise, wenn mich einer braucht, dann bin ich wirklich da. Aber ich weiß ja gar nicht, was ich machen soll!

Telefonsex! Wie muß man da den Hörer halten? Da kann mir einer sagen, was er will, das schadet doch der

[21] Es stellt sich die Frage, ob die Werbewirtschaft ihre Produktinformationen nicht der jeweiligen Nachrichtenlage anpassen sollte. So empfiehlt sich z.B. nach der nächsten Steuererhöhung „Sail away" mit Becks oder nach dem Hurrikan mit Bildern aus der Schneise der Verwüstung ein vertrauensbildendes „Auf diese Steine können Sie bauen" (Oder hieß das „Auch diese Steine können Sie klauen"?)

Elektronik! Das korrodiert doch alles. Da soll ich mir für 3,60 DM in der Minute die Ohren vollstöhnen lassen. Als wenn bei uns nicht schon genug gestöhnt würde. Das regt mich doch auf, daß alle immer nur am Stöhnen sind. Der Jochen mit seiner blöden Scheidung, der stöhnt mir derart die Hosen voll, daß ich denke, warum geht der überhaupt noch in die Schule, der könnte am Telefon ein Vermögen verdienen.[22]

Scheidung und Würde

Aber ich bin guter Hoffnung, ich glaube, er ist schon wieder auf dem Weg der Besserung. Er zeigt schon wieder erste männliche Reflexe. Er hat sich einen Gelän-

[22] Das Jammern ist für den Deutschen das, was für den Italiener das Singen ist. Es drückt ein Lebensgefühl aus. Hierzulande jammern selbst die Lottogewinner bei sechs Richtigen mit Zusatzzahl, daß die Quote in der letzten Woche höher gewesen wäre. Sollte man in Deutschland aus irgendwelchen Gründen glücklich sein, Erfolg haben, gar zu Geld gekommen sein, eventuell sogar aus eigener Leistung, so tut man gut daran, das Jammern keinesfalls einzustellen. Denn nur eins ist bei uns größer als der Trieb zu jammern: der Haß auf Menschen, die nichts zu jammern haben. Diese Menschen gehören durch Verachtung, Mißgunst, Strafsteuern und Hinweise auf ihren niederen Charakter so lange zurechtgestutzt, bis sie sich endlich wieder auf nationalem Konsensterritorium befinden und sagen können: Ja, ich habe allen Grund zu jammern! Jammern drückt in Deutschland nicht den Wunsch nach Besserung der eigenen Situation aus, sondern die tiefe Hoffnung, den anderen möge es bald wieder schlechter gehen.

dewagen gekauft. Früher immer Opel Astra, Kombi, aber jetzt hat er sich den großen Cherokee mit Bullengitter bestellt, nach der ersten Scheidung bekommt der deutsche Mann ja immer diese Breitreifenphase. Und da muß er auch durch, das ist ganz wichtig, sonst wird das nichts mehr.

Wenn es etwas gibt, was den Menschen endgültig jeglichen Anschein von Würde nimmt, dann sind es Scheidungen. Ich weiß sowieso nicht, wer da drauf gekommen ist, daß der Mensch Würde hätte. Der Mensch ist im Grunde doch unglaublich unzulänglich. Aber das hört er nicht gern als Krone der Schöpfung. Weil er sich ja für so was Einzigartiges hält. Deshalb verwirklicht er sich ja auch so gerne selbst. Das ist, glaube ich, der dümmste Ausdruck, den es bei uns gibt: sich selbst verwirklichen. Als wenn man nur noch so werden müßte, wie man eigentlich schon ist. Wenn man wirklich so schnell wie möglich werden will, wie man am Ende seines Lebens sein wird, ich meine, da kann man sich doch erschießen, da ist man ohne Umweg am Ziel.

Das ist dieser Lebenshilfekrempel, der einem völlig das Hirn verkleistert: Da soll man sich Ziele schaffen und dann Aktivitäten entwickeln, die da hinführen, als wenn das Leben so wie ein Pfeil immer geradeaus ginge. So ein Quatsch, das Leben ist doch viel mehr versuchen und scheitern.

Erfahrungsgemäß geht das Leben doch eher den Weg einer Flipperkugel, zack, bumm, bäng, ständig wird man wieder irgendwo hingeschossen. Und wenn dann der liebe Gott mal kurz den Flipper hochhält, hat man mal kurz Zeit, nach Luft zu schnappen, und fragt sich: Äh, wo bin ich, äh Scheidung, äh Moment, warum das denn? Wumm, wird man schon wieder hochgeschossen. So ist das Leben. Und das Problem bei unseren ganzen Fehlplanungen ist ja, daß wir so alt werden. Vor tausend Jahren starben die Menschen im Durchschnitt mit 23. Da lohnte es sich gar nicht mehr, den Scheidungsanwalt aufzusuchen.

Jetzt wird der Mensch 80, 90, 100 Jahre. Dabei hat er doch gar nicht gelernt, wie man das macht. Die Indianer gingen zum Sterben auf einen hohen Berg, wenn es soweit war. Wir warten immer, bis wir völlig gaga sind, das muß doch nicht sein. Wenn Dieter Bohlen vor 15 Jahren auf einen hohen Berg gegangen wäre, vielleicht hätten wir ihn in bester Erinnerung.

Ich bin jetzt Ende dreißig, das Programm ziehe ich noch durch, und dann schaun mer mal. Vielleicht fahre ich danach mal in die Alpen, und dann sehen wir weiter. Aber ich sehe das schon kommen: Wenn ich zum Sterben in die Berge fahren will, dann stehe ich schon auf dem Kölner Ring wieder im Stau.

Offenbarung

Neulich habe ich im Stau gestanden, da ging gar nichts mehr. Baustelle, einspurig und dann noch Vollsperrung, da lief gar nichts mehr. Ich stand da, um mich herum lauter Geländewagen mit Bullengitter. Alles getrennt lebende Sportlehrer. Und ich fühlte mich dazwischen so klein. Ich saß da, und in so einem Stau, da spürt man ja fast körperlich, mit welcher Sinnlosigkeit die Zeit verrinnt. Da war ich so verzweifelt, weil mir plötzlich klar wurde: Wenn es jetzt keinen Gott gibt, dann ist alles umsonst, das ganze Leben sinnlose Zeit. Und da habe ich das Beten angefangen, ganz naiv, wie man das so macht, und ich sprach zu Gott: Lieber, lieber Gott ... Und plötzlich kam, ich war völlig überrascht, aus den Wolken eine Antwort, eine Stimme, eine Frauenstimme übrigens, und diese Stimme sagte: Der gewünschte Gesprächspartner ist vorübergehend nicht erreichbar.

Und dann erschien ein riesiger Regenbogen, und oben auf der höchsten Stelle saß Manfred Krug und sagte:

Telekom, die machen das. Und die Sonne schien, und gleichzeitig fing es an, unglaublich zu regnen. Das Wasser stieg, vor mir bildete sich ein richtiger Teich, da wuchsen auch Sumpfgräser an der Seite und hinten, was sehe ich da, ein Krötentunnel, und mitten in diesem Krötentunnel: ein Vogel, ein Pirol. Und der winkt rüber zu mir, als wenn er sagen wollte: „Gar nicht übel, so ein Krötentunnel, man muß nur wollen!"

Aber ich konnte ihn nicht verstehen, denn da war so ein Rauschen, und plötzlich fällt mir auf, dieser Krötentunnel sieht ja aus wie bei uns zu Hause der Wasserkran, und da kommt auch schon eine riesige Wasserfontäne, kochend heißes Wasser, der Vogel war verschwunden, es roch noch ein bißchen nach Geflügelsüppchen, und da sehe ich da meinen Installateur, riesengroß steht er da und ruft: Heißwasser geht wieder! An! Abstellen geht nicht, Ersatzteil fehlt, ich komme in 25 Jahren wieder!

Das Wasser steigt, ich will weglaufen, aber es geht nicht. Ich steh' da, wie angewurzelt! Ich gucke auf das Display von meinen Laufschuhen, und da steht: Hardwarekonflikt. Bitte Füße auswechseln! Und da muß ich angefangen haben zu weinen. Aber da war der Jochen plötzlich da, der hat mich getröstet. Ich solle nicht wei-

nen, ihm ginge es viel schlimmer. Ihm wären bei einem
Massenhaareschneiden in einer Telefonzelle in Bad Wildungen versehentlich beide Beine abgeschnitten worden. Das wäre so schmerzhaft, er bräuchte jetzt immer
Morphium, aber das gäbe es nur beim Kevin in der Sie-
ben c, und der wäre so teuer. Ich wollte mich noch für
seinen Trost bedanken, aber ich hatte kein Klopapier
dabei. Und das hat mich so gegrämt, da bin ich aufge-
wacht.

Und da merke ich, Mensch, ich bin ja noch auf der
Autobahn, aber die Straße vor mir ist völlig frei, nur
hinter mir lauter wild gestikulierende Menschen am
Hupen, und da wußte ich, daß das Leben immer wei-
tergeht – auch wenn man denkt, jetzt geht gar nichts
mehr, dann steht hinter einem immer noch ein Arschloch und hupt.[23]

Es geht voran, Nuhr nach vorn, und das ist gut so,
denn wie sagt der Philosoph: Wer meint etwas zu sein,
hat aufgehört etwas zu werden. Wissen Sie, wer das
gesagt hat? Das war Oliver Kahn im Bayernjahrbuch
97/98. Das meine ich mit Durcheinander in der Welt,

---

[23] Wenn es ein Medium gibt, daß dem humanen Willen zur Kommunikation vollkommen entspricht, dann ist dies nicht das Fernsehen, auch nicht
Rundfunk, Internet oder gar die Tageszeitung. Es ist die Hupe!

wenn Menschen, die in ihrem Leben Hunderte von Bällen auf den Schädel bekommen haben, plötzlich Aphorismen absondern.

Ich meine, ist ja besser, als ständig rumzujammern. Der Mensch hat sich ja entwickelt vom Homo Habilis über den Homo Sapiens zum Homo Jammerlappen. Die ganze Welt ein einziges Gestöhne. Ich begreife das nicht.

Warum soll ich mitten in der Nacht eine Telefonnummer auf den Niederländischen Antillen[24] anrufen, damit mir da irgend jemand die Ohren vollstöhnt? Wenn mir jemand die Ohren vollstöhnen will, dann soll er doch bei mir anrufen. Und dann kostet das auch noch ein Schweinegeld! Das ist wirklich traurig. Die Welt ist ein Jammertal, in dem selbst das Stöhnen noch 3,60 DM die Minute kostet.

Anstatt endlich mal Ruhe zu geben und zu begreifen, daß es auf die großen Fragen nun mal keine Antworten gibt: Gibt es einen Gott, gibt es ein Leben nach

---

[24] Wenn es eines Beweises bedarf, welche Umwege menschliche Kommunikation heute benötigt, dann ist es die Tatsache, daß ich auf den Niederländischen Antillen anrufen muß, weil „Frauen aus meiner Nähe Kontakt suchen". Wenn sie wirklich in der Nähe sind, warum kommen sie nicht einfach vorbei? Woher wissen die überhaupt, wo ich wohne? Seit wann eigentlich werden Telefonnummern nur noch gesungen?

dem Tod, und wann gibt's bei Tchibo wieder diese Jog-
gingschuhe?

Ach so, was ich noch sagen wollte: Wissen Sie, wie
mein Klopapier heißt? Servus! [25]

---

[25] Dieser Name erscheint mir von allen am sinnfälligsten, da er den Abschied
thematisiert, ohne falsches Bedauern zu implizieren. Dies gilt ebenso für
das Programm. Es muß auch mal Schluß sein!

Dieter Nuhr

1960   Als letzte Maßnahme im Rahmen
des Wiederaufbaus der im Zweiten Weltkrieg
meistzerstörten Stadt Deutschlands, Wesel,
erblickt der Zweitgeborene einer Beamten-
dynastie das Licht der Welt.

1966   Kurz vor Beginn der revolutionären Umtriebe
der 68er Generation beginnt Nuhrs Karriere
mit der Einschulung. Frau Herrmann fördert
seine Schriftlichkeit.

1979   Nuhr beweist die weitgehende Niederschlagung
seines Analphabetentums mit der bestandenen
Abiturprüfung. 15 Punkte im Sport retten ihn
vor einer weiterführenden Schullaufbahn.

1981   Der Abschluß des zivilen Dienstes am
Volkskörper spuckt den Künstler wieder in
die wirkliche Welt.

1989   16 Semester Kunst und Geschichte lassen
den angehenden Kabarettisten mit sinnlosem
Staatsexamen zurück.

1987–94   Ensemblekabarett, in dem der Künstler jede
Menge seltsame Dinge auf der Bühne tut, aber
auch sein Handwerk übt. Er verdankt fremden
Menschen, daß er so die Fähigkeiten für seinen
heutigen Broterwerb erlangen darf.

1994   Beginn der Solokarriere: „Nuhr am nörgeln!"
         Nuhr spielt sich in die Kabarett-Bundesliga
         und vergißt, daß man abends auch andere Dinge
         unternehmen kann, außer auf der Bühne
         zu stehen.

1996   „Nuhr weiter so"; Nuhr beginnt sein
         Spezialreporterdasein beim ZDF und läßt seine
         Programme televisionär ablichten.

1998   „Nuhr nach vorn", Deutscher Kleinkunstpreis.
         Nuhr erkennt immer noch alle Familienmit-
         glieder, auch wenn er sie manchmal verwechselt.

2094   Nuhr erhält für sein Programm
         „Nuhr hundert Jahre unterwegs" die
         „Bad Wildunger Bettpfanne" in Gold.

2251   Nuhr stirbt. Seine Beerdigung wird
         aufgezeichnet. Karten für die Veranstaltung
         „Nuhr am Ende" sind an den bekannten
         Vorverkaufsstellen erhältlich.

**Dieter Nuhr
wird vertreten durch:**

KÜNSTLER- UND TOURNEEMANAGEMENT GMBH

D - 55116 Mainz • Rheinstraße 48
Tel 0 61 31-22 93 00 • Fax 0 61 31-23 82 45
Internet: http://www.kabarettagentur.de
e-mail: kessler@kabarettagentur.de

Kabarett im con anima Verlag

Vor ihm die 68er, nach ihm Punks und Yuppies, zwischen allen Stühlen eine Generation, die es nicht einmal zu einem eigenen Klischee gebracht hat: Jahrgang 1960. Dieter Nuhr hat hier ein penibel beobachtetes und witziges Porträt dieser bisher unbeachteten Generation geschaffen. Eine Lektüre für alle Altersstufen, die sich einen ironischen Blick auf die Realität bewahrt haben.

Taschenbuch **Dieter Nuhr**:
„Nuhr am nörgeln!"
ISBN 3-931265-02-1
DM 14,80

Mit „Nuhr am nörgeln!" hat sich Dieter Nuhr in die Kabarett-Bundesliga gespielt. Mit „Nuhr weiter so" setzt er noch einen drauf; saukomisch und doch jenseits aller Blödelei. Das Programm zur Jahrtausendwende: nicht zu früh, sondern der Zeit voraus.

Taschenbuch **Dieter Nuhr**:
„Nuhr weiter so"
ISBN 3-931265-05-6
DM 15,–

Dieter Nuhr auf CD erschienen bei:
WortArt, Lindenstr. 32, 50674 Köln, Telefon 02 21-2 40 77 46, Fax 02 21-2 40 77 62
„Nuhr am nörgeln", ISBN 3-931780-03-1
„Nuhr weiter so", ISBN 3-931780-21-X
„Nuhr nach vorn", ISBN 3-931780-51-1

Kabarett im con anima Verlag

CD **Lore Lorentz**:
„Denk' ich an Deutschland"
Eine kabarettistische Lesung
mit Heinrich Heine
ISBN 3-931265-00-5
DM 28,–

CD **Volker Pispers**:
„Frisch gestrichen"
ISBN 3-931265-03-X
DM 28,–

CD **Lore Lorentz**:
„Chansons"
ISBN 3-931265-01-3
DM 32,–

CD **Volker Pispers**:
„Ein Wort ergab das andere"
Das Beste aus 10 Jahren
Solokabarett
ISBN 3-931265-06-4
DM 28,–

Taschenbuch **Frank Lüdecke**:
„Verteidigung der
Sittsamkeit"
ISBN 3-931265-09-9
DM 15,–

Taschenbuch **Volker Pispers**:
„Volkerkunde"
ISBN 3-931265-04-8
DM 16,–

CD **Frank Lüdecke**:
„Verteidigung der
Sittsamkeit"
ISBN 3-931265-10-2
DM 28,–

CD **Thomas Freitag**:
„unplugged"
ISBN 3-931265-07-2
DM 28,–

CD **Thomas Reis**:
„Ein Schwein wird Metzger"
ISBN 3-931265-16-1
DM 28,–

CD **Arnulf Rating**:
„Sprechstunde
im Wartezimmer
von Dr. Mabuse"
ISBN 3-931265-08-0
DM 28,–

CD **Nessi Tausendschön**:
„Madame Cellophan"
ISBN 3-931265-11-0
DM 30,–

CD **Arnulf Rating**:
„Out of Bonn (Schwester
Hedwig kommt zurück)"
ISBN 3-931265-13-7
DM 28,–

CD **Achim Konejung**:
„Feuer unterm Arsch"
ISBN 3-931265-15-3
DM 28,–

CD **Gaby Köster
& Manes Meckenstock**:
„Kamelle, et Christking kütt!"
ISBN 3-931265-12-9
DM 24,80

CD **Die Scheinheiligen**:
„Generation XXL"
ISBN 3-931265-17-X
DM 28,–

CD **Manes Meckenstock**:
„Kinner hät sich
selfs jemaht!"
ISBN 3-931265-14-5
DM 28,–

Erhältlich im Buchhandel, im Schallplattenhandel (BMG Ariola / ARIS)
und im con anima Verlag Christian Franzkowiak
Dahlienweg 15 · 40468 Düsseldorf · Telefon / Fax 0211 - 42 20 6 67
www.schauplatz.de/conanima · e-mail: franzkowiak@metronet.de